有時候，逃跑也沒關係

香山麗香〈香山リカ〉——著
葉廷昭——譯

contents

contents

contents

contents

contents

contents

❖ 前言：逃跑是我的信念

「活在這個時代，真的好累。」

自從成為精神科醫生以來，這樣的話不知道聽過多少次。可能是幾千次，甚至幾萬次。有人會抱怨「家庭生活」、「夫妻關係」、「朋友之間的交往」等等，有著各式各樣的困擾。

精神科醫生或臨床心理師在聽取談話時的基本原則是「傾聽」，專心聽患者說的話，在這過程中，「共感」也很重要，因此也會對患者說「是嗎，那真是辛苦呢～～」之類的話。

不過，在安慰之後，我有時會加上一句話：

「那麼，要不要稍微休息一下呢？就算是辭職也可以。」

「從明年開始，要不要離開家裡，搬出去一個人住呢？」

「沒有人規定一定要持續婚姻生活啊！」

「等小孩子幼稚園畢業，就不用跟媽媽友繼續往來了，再忍耐一下就好。」

患者聽到我這樣講，似乎都很訝異。

「欸，我是來請教解決方法的，結果這樣說不就是逃跑嗎？」

聽到這些話時，我會在心裡會偷偷一笑，然後說：

「對啊，沒錯。但逃跑也沒關係啊。」

☼

逃跑也沒關係。

這不僅僅是權宜之計，而是作為精神科醫生，更重要的是，作為一個人，逃跑算是我的一種信念。

就以我自己來說，我這輩子透過逃跑躲開了很多東西。例如像是，高中時，我逃離了考試的痛苦，整天忙著看遠藤周作、北杜夫、筒井康隆、星新一的小說。想當然，我的第一志願是考不上的，老師和父母都擺出一副「因為你總是逃避學習才會這樣」的表情。但我心裡卻想，「雖然這樣說，但對我來說，準備大考實在太辛苦了」——這樣的失敗，我心裡是可以承受的。

隔年，我勉強考上了一所私立醫科大學，再次發揮我擅長逃跑的本領。醫學院的學習生活被實習和報告壓得喘不過氣來，我既沒有能力，也沒有毅力去全力以赴完成這些事情，所以我只求不被當掉就好。於是，我開始讀一些與醫學無關的書，甚至還到文案公司打工，開始寫文章。每次看到自己糟糕的成績，我都會心驚膽顫，但我從來沒想過「我該努力學習，不能再逃避了」。因為我知道，一旦這麼做，我就會崩潰，然後放棄一切。我不斷地逃跑，逃了又逃，直到今天這個年紀。如果有人逼我正面迎戰所有問題，我大概早就崩潰了，也不可能寫書給各位看。

當然，我也不是沒有後悔過。我也曾想過，如果人生中有幾場考試、比賽、工作、戀愛，要是認真一點的話，或許能收穫更多的幸福。然而，為了得到幸福和成功，把自己燃燒殆盡，搞到身心崩潰，那樣也沒有意義。我覺得，「我的人生雖然平平凡凡、並不完美，但這樣也不錯。」

由於我是如此擅長逃跑，我想分享一下逃跑的訣竅，以及什麼時候應該逃跑，什麼時候不能逃跑。有些是我身為一個醫生的見解，有些則是以一個普通人、一個女性的角度來說。

逃跑也沒關係。其實，有時候真的必須逃跑。而且，只要逃跑了，很多問題都會迎刃而解。

我知道各位可能半信半疑吧，請你看看這本書就知道了。

請拿起這本書，跟我一起踏上華麗的逃跑之旅吧。

第一章

實在很痛苦的話 逃跑就好

❖ 逃跑是獲得自由的手段

有些人想逃離高壓的職場，逃離家人的糾纏，逃離煩心的人際關係……。如果你真的非常痛苦，逃跑就是一個可行的重要選項了。

就以職場來說吧，有時候你根本沒做錯事，上司卻仗勢欺人，逼你乖乖低頭。這種情況幾乎每一個人都會遇到，偏偏我們又無力改變，勉強撐下去只會讓自己生病。作為一個精神科醫生，我看過太多這樣的病人了。

☼

現在已經不是終身僱用制的時代了，如果發現自己不適應某個職場，直接換工作也沒什麼不好。然而，上個世紀的精神論在職場上仍然有很大的影響力。

在高度經濟成長期的年代（一九五五年到一九七三年），職權騷擾、瘋狂加班的狀況在各大企業可謂屢見不鮮。在公司受到不合理的對待，除了自我調適以外別無他法。這種心態在當時是主流看法。

因此，很多人被迫忍耐，最後成為職場的犧牲品。有些人罹患精神疾病，甚至還有人過勞死。在那樣的環境中強迫自己留下來，或者忍受痛苦，並不一定會帶來好的結果。

從這個角度來看，改變自己所處的環境和狀態，重置煩心的人際關係也未嘗不可，本書把這種作法稱之為「逃跑」。**有人會說逃跑是一種卑鄙無恥、被打敗的行為，不需要在意這些看法。逃跑是用來獲得自由的手段。**

❖ 美好的「逃跑」年代

曾經有一個時代，把「逃跑」當作一件正面的事情。一九八四年泡沫經濟期前夕，淺田彰寫了一本《逃走論》[1]，帶動了這樣的社會風氣。

淺田先生是以德勒茲、瓜塔里 這些法國現代思想家的論述為基礎，說明如何從既有的價值觀中逃跑。那時候我還是大學生，很崇拜淺田先生。他的論述跟經歷過高度成長期，只知道拼命工作的賺錢世代有著強烈的對比，獲得了當時年輕人們的極大支持。

☼

八〇年代是一個不受權威束縛的自由年代，很難用三言兩語解釋清楚。比方說，大學教授和小說家會共同出版書籍，哲學家和音樂家也會共聚一

1 《逃走論—スキゾ・キッズの冒険》，現有版本為筑摩書房出版，一九八六年版。

堂舉辦座談會。這種事在過去非常少見。

當時的大學教授習慣的是學者之間進行學術討論，音樂家則處於完全不同的領域，他們也會演奏自己創作的樂曲。這樣的領域劃分是非常明確的。

早年的日本比現在更重視學歷，大學畢業和高中畢業的薪資待遇完全不一樣。企業採用終身僱用制，晉升也講究論資排輩，逐年提升薪資和地位。

到了八〇年代，這些明確的分界不存在了，不同領域的人也會攜手合作，不再受年齡、學歷、收入等因素的限制，而是依靠某種共同的品味和感覺，彼此共鳴，一同自由表達。那是一個能打破藩籬的年代。

八〇年代之前，沒有穩定職業給人很負面的形象；八〇年代之後，你可以告訴別人自己是自由業的藝術家，而且這種說法聽起來很正面。那個年代的自由業，和現在Uber eat外送員自由業的印象又不一樣。但當時也開始認同這種工作方式了。

☼

大家崇尚自由自在的行動方式，廣納各種資訊、知識、技術，跳脫既有的規範隨心所欲過日子。萬一失敗了，就換一個環境重新來過。人們接受了這樣的生活和工作方式。

這種近似於放浪的生活方式，被視為瀟灑不羈。淺田彰把這兩種截然不同的生活方式，區分為定居型偏執狀態，以及放浪型分裂狀態。他主張不拘一格的放浪型生活，才是最沒負擔的生活方式，並以這樣的觀點寫出了《逃走論》等諸多著作。

他的論述有很多的專有名詞，但說穿了意思很簡單，**就是對一件事情感到厭倦了，直接換個環境就好**。那個年代也讓我體會到開放的氣息，我曾經相信，一個不受教條拘束的新時代終於要到來了。

❖ 泡沫經濟崩潰後又走回頭路

八〇年代，西武流通集團的代表堤清二先生，對新文化有極大的理解和包容力。他在六本木蓋了一棟大樓，知名的唱片公司WAVE也在其中。堤先生掌管的文化研究企業（SEDIC）就在那棟大樓的最上層。我曾去拜訪過SEDIC，裡面的員工和訪客都在打電動，討論哪一款遊戲最好玩，好像都沒在工作一樣。不過，很多新的商品和服務，就是在這種方式中誕生的，工作中充滿了玩樂的氣息。

☼

不料到了九〇年代，泡沫經濟崩潰，日本陷入了長期的不景氣，直到現在經濟依舊沒有起色。

於此同時，八〇年代那種自由的生活方式也遭到否定，那些以玩樂心態工作的人，也開始承受周遭的非議。

一九九八年日本的自殺人數超過三萬人，北海道拓殖銀行和山一證券也相繼破產。知名的大銀行和證券公司倒閉，日本經濟在九〇年代末期，糟糕到發生任何壞事都不足為奇，社會上也充滿著悲觀的氛圍。

到了二十一世紀（二〇〇〇年以後），日本也開始奉行海外的競爭主義和成果主義，賺不了大錢的人被貶得一無是處。「裁員」一詞隨處可見，長年來對公司有貢獻的員工，一旦業績下滑也會被無情捨棄。

隨著這種情況的發展，像前面提到的，帶著遊戲玩樂的心態工作，或是在工作中尋找樂趣的人，這些人與他們所屬的公司也開始消失。

然而，這又與以前那種「埋頭苦幹就好」的要求不同。終身僱用和年功序列已經消失，取而代之的是根據成果來評價。如何在公司內部脫穎而出，甚至不惜踢掉他人做為出人頭地的關鍵，這樣的人開始受到企業重用。

也許有人會想，既然這樣，為什麼不離開這樣的公司去另尋出路呢？但是，辭職並不保證能馬上找到下一份工作。大家都得為五斗米折腰，這個時代逃跑的難度反而上升了。

❖ 追求成果只為保住飯碗

在這樣的年代，我除了在醫院當精神科醫生，也受雇於大企業。企業醫師的職責是關照企業的員工，維護他們的身心健康。當時，我對上班族的心理健康有濃厚的興趣，所以決定從事這個工作。

大概從二〇〇〇年開始，我每個月會有兩天到合作的企業和自治團體，跟那些工作情緒低落的人面談，判斷停職員工能否重回職場。這些是我主要的工作內容。

採用成果主義的民間企業，有大量員工罹患憂鬱症，公司經營也陷入了困境。過去職場講究的是互助合作，現在成果主義當道，每個人都忙著爭取生存，根本沒有餘力幫助別人。越來越多人被殘酷的競爭淘汰，公司的實體業績反而大幅下滑。這種諷刺的下場，相信也是那些企業始料未及的。

❖ 拜金時代

不僅僅是企業，甚至在孩子的升學過程中，也開始將「踢掉他人、自己站上頂端」當作追求的目標。從小到大在人生的各個階段，都被教導必須在競爭中勝出，只有這樣才能生存下去。於是大家開始思考，要怎麼做才能立於不敗之地。

結論就是，無論在人生哪個階段、什麼場合，都要不斷排除競爭者往上爬。另一方面，那些靠著投機輕鬆致富的人，也開始受到世人的尊敬。

☼

二十一世紀是拜金主義當道的世紀，有錢人成了人人欣羨的對象。大多數的人薪資永遠漲不了，這輩子也不太可能成為有錢人，對有錢人卻有一種莫名的憧憬，這樣的心態實在離奇又古怪。

電視節目開始介紹有錢人的豪宅，節目本身毫無內容，就只是炫耀奢華的生活享受，我不懂大家為何喜歡看，總之節目很受歡迎。

大眾明知道自己絕不可能成為有錢人，卻深信那是自己應該追求的生活。或許這當中夾雜著一種無奈的心情吧，因為自己再怎麼努力都比不上有錢人。各位讀者應該也覺得有錢人的生活跟我們完全不一樣，是另一個世界的居民吧。據說，現在貧富差距越來越大，有錢人和普通人之間有一道巨大的鴻溝。但或許普通人不認為自己和有錢人差距很大吧。

☼

一般人都會追蹤名人的SNS，我對這種行為也感到不可思議。比方說藝人夫妻陪伴孩子參加入學典禮，然後在社群平台上發文，底下就有很多人留言讚賞。這些人可能是藝人的粉絲吧，但留言並不代表就與那些藝人之間的距離變得更近了。

過去閱讀八卦雜誌上的藝人緋聞，頂多只能拿來跟朋友閒聊，現在可以直接到藝人的社群平台上留言，這可能帶來了一種幻想，讓人覺得能直接與名人建立聯繫。當我們點下追蹤，就錯覺跟名人產生了聯繫。

❖ 主動公開隱私

社群平台問世後，我們進入一個始終被他人注視的世界。

自我揭露症候群是精神科常見的一種病症，也是思覺失調這一類精神疾病的症狀。患者總覺得隱私蕩然無存，好像無時無刻被監視一樣。

我以前對這種症狀很感興趣，也研究了不少病例。有幾個案例幻想自己被電視監控，以為新聞上講的都是他們的隱私。

我診治過幾個自我揭露症候群的患者，順便請教他們幾個問題。比方說，我問患者喜不喜歡自己的生活登上新聞版面？幾乎每一個人都討厭。當我告訴他們，自己的話題登上新聞版面，這可是名人的待遇。患者卻說那樣太痛苦了，根本沒法好好過日子。

☼

那時候有兩部電影引起我的興趣，一部是好萊塢電影《楚門的世界》

（一九九八年）。主角被迫參加一場大型實境秀，從出生到長大的過程都被拍攝下來，生活中所有的影像都被播放到全世界。那場實境秀從不間斷，只是這一切主角並不知道。有一天，他發現自己的生活都被拍攝下來，決定逃出那個世界。

另一部比較冷門的叫《艾德私人頻道》（一九九九年），我覺得這一部電影很了不起。故事描述某一家地方電視台，徵求一位自願被全天跟拍的人，主角艾德參加了遴選。最後艾德也成功獲選，接受了全天跟拍的生活。一開始艾德樂在其中，不但有錢可賺，又享有極高的知名度。但全天候的跟拍，讓他越來越痛苦。

《楚門的世界》和《艾德私人頻道》這兩部電影，都是描述凡人參與實境秀演出，忍受不了被大眾關注的故事。

也難怪自我揭露症候群的患者會有一樣的感受了。他們妄想自己失去了隱私，而且這是自己無法控制的，我認為這是一種極大的痛苦。

後來智慧型手機問世，更多人使用社群平台，我當時認為智慧型手機與社群平台的組合不會流行起來。然而，這個預測完全錯了。

❖ 整天與人聯繫真的算幸福嗎？

社群平台剛流行時，人們走到哪裡都會打卡，把自己做過的事逐一昭告天下。這種行為就像是自發性地「自我揭露」，我本來以為大家遲早會受不了。

不料，這種情況不僅沒有消失，反而越來越熱烈，人們甚至詳細公開自己的所作所為。當然，使用社群平台是自己能控制的，不想被知道不發文公開就行了。但有些人卻像履行某種義務一樣，每天在社群平台上發佈自己吃的食物或去過的地方，還附上照片。

☼

其實對此感到痛苦的人也不在少數。我的患者中，有人為了拍照上傳網路，會刻意去外面的餐廳吃飯，或是為了拍出吸引眼球的照片，刻意做根本不想吃的料理。就連帶小孩出去玩也是為了炫耀，即便小孩根本不想出門。各位可能會想，那不要勉強自己不就好了？可是對那些人來說，他們無法停止這樣的行為。

畢竟他們有很多追蹤者，而且朋友們還會發佈更精彩的照片，因此他們停不下來。我的患者和學生都有類似的毛病，人們已經擺脫不了社群平台了。

❖ 在網路上不想撒謊

我曾經勸那些網路成癮的學生，如果真的不想出門，隨便上網找一張照片，貼到自己的社群平台上不就好了？但學生回答我，他們不想撒謊。我又問他們，明明不想去卻硬逼自己出門，難道就不是撒謊嗎？他們說那不一樣。換句話說，怎樣才算撒謊並沒有一個明確的倫理界線。按照他們的說法，想不想出門不是重點，去時下流行的遊樂場所，拍下開心玩樂的照片才是重點。

在婚活詐騙殺人事件中被判死刑的木嶋佳苗，在被逮捕之前，曾經經營過部落格。據說她的部落格充滿了矯飾，甚至毫不猶豫地發布謊言。

現代人喜歡上網炫耀又不想撒謊，於是努力張羅美食拍照，寫下各種出門玩樂的遊記。明明不開心卻還要強顏歡笑拍照，我完全無法理解那樣的心態。或許透過手機展現自己的私生活，已經成了司空見慣的生活方式吧。

☼

有的情侶會一整天開啟手機的視訊通話功能，也沒有經常對話，就只是偶爾確認一下對方的狀況，隨意聊個幾句，對他們來說，彼此之間一直保持連線似乎是很重要的。

任天堂紅白機出過一款遊戲叫《蘋果鎮物語》，一九八七年發售時，在日本引起了不小的話題。遊戲內容就是一直觀察某個小女孩的生活，滿足玩家偷窺的欲望。有點類似希區考克的電影《後窗》（一九五四年）那樣的世界觀。

有些網紅會把自己生活的點滴直播給網友看，喜歡看那些節目的人，或許也陷入了「偷窺與被偷窺」的關係中。

我的患者也有人整天黏在網路上，搞到自己和戀人都失去了自由，不曉得該如何是好。也有人認為這就是愛情，甚至樂此不疲。但同樣的事情做久了，即使再怎麼喜歡，最終也會感到疲憊。作為一個精神科醫生，我不建議大家那樣做。

智慧型手機問世以後，各種光怪陸離的現象都發生了。想要展現自己、讓大家了解自己的欲望，遠超過了自我揭露所造成的痛苦。現在有越來越多人被這種欲望束縛，到頭來也失去了快樂。

❖ BB扣、功能型手機、智慧型手機

手機剛問世的時候，人們探討過一個問題，到底手機會帶來解放還是束縛？我目前在北海道鵡川町的醫院上班，禮拜一到禮拜四的工作結束後，我就在鎮上的宿舍休息。不過，醫院發給我一支緊急聯絡用的手機，接到通知就得趕回醫院。換句話說，沒有手機的話我得一直在醫院待命。正因為有手機，我才能回宿舍休息。

☼

我父親也是醫生，基本上他幾乎每天在醫院待命。那個年代只有固定的座機，外出也得先報備自己的去向。比方說，他會說「接下來我要去書店一小時」，然後才會離開醫院。因為大家都知道他去的是書店，所以如果有緊急的事情，就會打電話到書店請店員叫他回來。

BB扣問世以後（無線傳呼服務），我父親非常高興，因為外出總算不

用報備了。過去他逛完書店想去看電影，得先找公共電話打回家，報備自己接下來要去看電影。有了ＢＢ扣就不用這麼麻煩了。

後來，父親又換了功能型手機（折疊式的手機）、智慧型手機，生活的自由度也越來越高了。

❖ 無所遁形的時代

反過來說，我父親想去一個沒人知道的地方待著，那都是一種奢望。尤其現在的智慧型手機功能強大，讓人無所遁形。只要安裝定位軟體，你就能知道對方在哪裡。有的父母就用這種軟體掌握小朋友所在的位置，用法非常多樣，聽說現在很多學生也在用。

學生告訴我，他們大致上是這樣用的。舉例來說，他們沒課在學校附近閒晃時，就會打開ＡＰＰ看看誰在附近。然後打電話給這個朋友，約出來一起吃飯喝茶。學生說這樣隨時都能找到朋友，是一件很方便的事。

不過，如果不想被找到該怎麼辦？這個應用程式可以更改設定，隱藏所在地的訊息。但基本上，我們都處在一個無所遁形的時代。

關於這個應用程式也有一些趣聞。像是有人看到自己的男朋友和女性朋友的圖示重疊並一起移動。真相是男朋友和她的朋友出軌了，而這一切被視覺化了。就算沒有做虧心事，情侶之間也會用手機互相掌控彼此的行蹤。

☼

最近許多業務員的手機也會安裝這種軟體，以便公司掌握他們的行蹤。過去沒有手機的年代，我常看到業務員在咖啡廳消磨時間。有的業務員甚至會去看電影或打柏青哥。現在完全無法偷懶了，壓力一定很大吧。

❖ 為什麼不關機？

要逃離手機的掌握，最簡單的方法就是關掉電源。問題是，如果關掉電源了，還會被問「為什麼要關掉手機？」美國、韓國、日本都有一種數位排毒營，就是沒收你的手機，然後去山裡露營，享受沒有手機的生活。這種服務並不便宜，如果不花這筆錢就無法遠離手機，豈不是本末倒置？而且，參加數位排毒營，也是透過手機申請的，仔細想想這實在是一件可笑的事。

不過，會有這樣的服務，表示現代人真的很依賴手機吧。我問過學生，手機和錢包哪個重要？每一個學生都回答手機重要。大概因為現在的手機還有電子支付的功能吧。

為什麼人們不敢關手機呢？讓我們用更客觀的角度來看，想像自己身旁有攝影機好了，這又稱為「後設認知」，請你想像自己是《楚門的世界》或《艾德私人頻道》的主角。

透過這樣的想像，就會明白「手機其實是相當麻煩的東西」。而有了這樣的認知，你可能會選擇關掉手機，或者即使手機開著，也選擇不去看它。又或者，你和朋友之間可以達成一個共識，承認彼此有關掉手機電源的自由。

❖ 每個人都必須報備行蹤

我們先假設「逃跑」的定義是，不向任何人報告行蹤，讓大家找不到你。**我認為逃跑是生而為人不可或缺的手段**。

不報備行蹤就去咖啡店消磨時間，從公司的觀點會覺得你在偷懶，但對上班族來說，這是從工作壓力中逃開的辦法。撇開旁人的監控，到一個自己喜歡的地方，跟事先報告之後再去，雖然是同樣的行為，但心理上的意義完全不一樣。

☼

我有過類似的經驗。我當實習醫生的時候，在北海道大學醫院實習過一年，那所醫院的精神科病房是單獨的一棟樓，只有一條走廊連接主要的診療大樓。我一整天都被關在那裡出不來。

幸好精神科病房的位置就在後門附近，我常溜到附近的咖啡廳休息。咖啡廳裡有電視遊樂器，我會去喝茶打電動，然後再若無其事的樣子回到醫院，這就是我以前會做的事。

我不是想打電動才去的，現在回想起來，當年我只是個小小的實習醫生，必須一直在醫院待命，所以我才需要一點自己的時間吧。當然，可能這種行為也帶給我一種刺激感。我摸魚的時間不長，應該沒人發現我不見了。有的同事可能好奇我跑到哪裡去了，但醫院本來就很大，大家頂多以為我在其他地方忙並不會多想，事實上我也沒惹出麻煩就是。

☼

也有患者跟我做過一樣的事情，有位住院治療好多年的患者，偶爾會從醫院不見。我們把這種情況叫做「離院」，患者私自跑出醫院，院方知道後鬧得雞飛狗跳。好不容易找到人了，問患者跑去哪裡，患者說他只是想去一趟超市。其實那位患者只要提出申請，醫院不會阻攔他外出。但偷偷去一趟超市，跟事先提外出申請以後再去，意義完全不一樣。我想那位患者也只是想逃出醫院透透氣吧。

❖ 真的攸關性命，絕對逃得了

每個人都有想要逃跑的時候，會想要遠離當下的環境。可是，現在因為手機的關係，逃跑變得更困難了。

世道如此，逃跑被視為一種負面的行為。就好像動畫《新世紀福音戰士》的主角碇真嗣，一再告訴自己不能逃跑一樣（「新世紀福音戰士」是一九九五年到一九九六年開播的動畫）。不能逃跑也變成了當代的名言，那部動畫似乎也把逃跑視為不好的行為。

八〇年代《逃走論》盛行一時，世人也不認為那是負面的行為，甚至還釋出善意，傳遞了「逃避也沒關係的」的訊息。沒想到，後來逃跑的意義完全被曲解了，逃跑被視為不應該的行為。

不能逃跑這句話說得好聽，當發生災難時，你不逃跑還不行。偏偏有些人在這種情況下，還是非常抗拒逃跑這件事。

比方說颱風登陸暴雨成災，政府設置了避難所，電視台也不斷宣導，要社會大眾以保命為先。但就是有人不肯去避難所。

當然，這種逃跑不能拿來跟精神上的逃跑相提並論，因為災害發生時，你不做出逃跑的行為就會沒命。日本三一一大地震發生時，有些人認為自己不會遇上海嘯，結果就死亡了。反而是那些驚慌失措急忙跑到高處避難的人，最終得以倖免於難。

那些太晚逃跑的人，或許有所謂的確認偏誤吧（只看自己想看的訊息，藉此肯定自己的推論或成見）。災後這些問題也一直受到廣泛的討論。

你可能以為自己很冷靜客觀，但確認偏誤會影響你，會讓你以為「再等一下應該不會太遲」或者「去拿一下重要的東西再逃應該來得及」這樣的心理反應。

遭受過海嘯侵襲的區域，當地人都養成了一個觀念。那就是海嘯一旦來襲，就要各自分散趕快逃跑。等全家人都到齊再一起行動就來不及了，海嘯一來每個人都要趕快衝向高地。這是告訴人們，如果不這麼做，就會面臨生命危險的教訓。

❖ 你不幹，組織照樣運作

我知道這兩種極端的狀況，不該放在一起比較，但許多人遇到精神上的苦難，也會有延遲逃跑的行為。

舉個例子，有些人想要辭掉工作，但卻經常告訴自己「再忍一天試試看」，而且這種人還不少。我過去在大企業服務時，就看過不少這樣的情況。

跟他們聊過以後，我發現他們並不是死命地想要堅持在公司裡工作。大部分的人是怕自己辭職，會給其他同事添麻煩，所以才選擇撐下去。

不敢休假的人也不少。有些人我建議他們去醫院開診斷證明，向公司請假。結果他們都拒絕了，即便是精神科醫生也認為他們需要休息，但仍然有不少人不想請假。理由也是怕自己休假，會給其他人添麻煩。

事實上，一個員工休假或辭職，公司的運作並不會因此停滯。如果少一個人企業就無法正常運營，那絕對是企業本身有問題。

☼

我有一位非常尊敬的前輩也是精神科醫師，很多患者都指名要他看病，他的門診總是滿號。

那位前輩深得患者信賴，我很佩服他，但其他同事聽了我的說法不置可否。因為那位前輩總有一天會退休，或是遭遇意外。如果有許多病人說「只有這位醫生能治療我」，萬一有什麼情況發生的話，那麼就可能產生大量的醫療難民。我的同事認為，醫生不該無可取代，我聽了也覺得有道理。

很多年老的患者也拜託我不要退休，不然他們會很困擾。能得到患者的器重，老實說很讓人開心，可是萬一我病倒了，或是因故辭職怎麼辦？從這個角度來看，跟患者建立起太親密的關係反而不好。也許我該保持適當的距離，讓病人能夠放心地知道：「如果有什麼突發情況，會有其他醫生來接手治療。」

❖ 仰賴個人實力的組織不堪一擊

有一個專門防範自殺的非營利組織，叫「生命線自殺防範支援中心」，這個組織也積極推動了自殺防範基本法的成立。該團體的代表是清水康之先生，清水先生本來是NHK的製作人，曾經做過一個採訪自殺者遺屬的節目。後來他發現自殺者越來越多，再這樣下去不是辦法，就決定創立一個專門預防自殺的非營利組織。

清水先生對全國各地的自治團體，做過一項自殺防範調查。自殺防範做得很成功的自治團體，都有非常積極的保健師，以及充滿好點子的工作人員。

然而，清水先生不認為這是一件好事。因為這是人治的力量，純粹是過於依賴優秀的人才做出貢獻。萬一那些人離職或是生病休假了，組織就再也運作不下去。所以他做了多方面的嘗試，希望建立出一套系統，讓任何人來操作都有一定的成效。

☼

過去防範自殺，都要求工作人員將心比心、竭誠付出。也就是說，是依靠善良的工作人員來運作。

可是，一旦善良的工作人員離職，組織就發揮不了作用了。真正成功的做法應該具有永續性，任何人來做都有一定的效果。

簡單說，人才要有可替代性。優秀的人才倒下了，也要有其他人能替補。仰賴獨一無二的優秀人才，對組織的永續發展不是一件好事。

❖ 員工過勞是組織有問題

絕大部分的組織不可能因為員工休假，就把業務停滯下來，因此組織必須想辦法解決人力短缺的問題。醫院也是如此，舉例來說，有些醫院的院長突然亡故，醫院還是可以照常運作，留下來的醫師會同心協力撐起那家醫院。

我也曾經被英雄主義沖昏頭，以為醫院沒有我就撐不下去。如果有人告訴我「即使你不在也沒問題」，我會感到很失落，但實際上，這樣反而是比較好的，組織的未來不該由某一個特定的人物來決定。

偏偏現實生活中，很多企業都不是這種做法。各位在這種企業任職，若想保持心靈上的健康，那麼我的建議就是從這個環境「逃跑」。

不要因為怕給同事添麻煩，就死撐著不敢辭職。認為自己無足輕重，這種負面想法也毫無建樹。如果你覺得自己無法再待在這個地方，那麼就應該立刻離開。

❖ 討厭都市就搬到鄉下吧

本書主要是把逃跑當作一種保護心靈的手段，跟真正意義上的逃跑不太一樣。如果你已經對城市生活感到疲憊，我的建議是移居到地方生活也是不錯的選擇。

近年來，從城市搬到地方的移居潮成為一種趨勢，地方生活被描繪得讓人嚮往不已，有很多人帶著夢想搬到地方，但也有不少人發現當地的生活其實相當艱難。所以移住之前還是要謹慎考量比較好。可是，你若真的討厭現在住的地方，移居也是一個辦法。

過去從都市搬到鄉村生活被視為失敗的象徵。然而，現在移居的風氣大盛，已經沒有人會這樣想了吧。

☼

從前，離開鄉下到都市去生活，給人一種很正面的印象。反之，離開都市到鄉下卻讓人難以接受。

我目前也是從東京搬到北海道鄉下，投入偏鄉醫療的工作。老實說，我不確定自己能否在這裡過一輩子，現在我週末也會回東京，所以也許說我過著兩地生活更為恰當。

最近，《逃走論》這本書中主張的遊牧式生活，似乎再次成為熱潮。本來是負面意涵的「居無定所」這個詞也熱烈地再度被使用。

在同一個地方待久了，難免會碰到一些事，促發你想搬到別的地方的念頭。有些人寧願落地生根，不管發生任何事都要死守家園。但我認為，萬一真的碰到難以忍受的狀況，逃跑也無可厚非。

尤其新冠疫情爆發後，開放遠距上班的企業越來越多了，這也在一定程度上促進了移居地方的趨勢，雖然我們無法知道這種情況會持續多久。

❖ 鄉下生活具有獨特的智慧

有一部電視劇叫《小孤島大醫生》，後來也被改編成電影（原作是山田貴敏的漫畫）。這是描述偏鄉醫療的故事，跟我現在的工作有幾分相似。當我實際開始這項工作之後，感覺自己好像變成了劇中的人物。

這並不是在美化我自己，純粹是鄉下生活有很多特殊的體驗，跟我過去的生活經驗完全不一樣。

我長年來的專業是精神科，現在改當一般門診醫生，很多事情我都是第一次經歷，每次都要煞費苦心應對。這種生活帶給我一種非現實的感覺。而且，有些患者在大都市絕對碰不到，像有人是被狸貓咬才來看病。當然，這些稀奇古怪的病例處理起來很麻煩，一點也不好笑。

同時鄉下生活也讓我體認到，在地人有我們缺乏的智慧。有一種速效型腎上腺素（EpiPen），外觀看起來像一支筆，可以用來緩和蜂螫的症狀。如果有患者被蜂螫，我會問他要不要使用速效型腎上腺素，但他們通常都說不需要。

有些從事林木業的人，被蜂螫以後會直接把梅乾磨碎塗抹在傷口上，到底有沒有用我其實也不確定。一開始聽到用梅乾治蜂螫，感到很不可思議，但患者說大家都是這樣治療的。既然是當地人的經驗，想必不是騙人的。因為我們太仰賴西洋醫學，以為沒有速效型腎上腺素就會死掉。但當地人卻有一種截然不同的生活方法。

☼

鄉下的生活和大都市完全不一樣，剛開始的時候，下班回到宿舍，發現門口放了一個紙箱。看到這箱來歷不明的東西，我很猶豫該不該打電話叫警察處理。最後鼓起勇氣打開一看，原來箱子裡放的是蔬菜。裡面附了一張便條，上面有送菜人的姓名，還註明那是他們自家種的蔬菜。後來我才知道，在這裡大家會互相分享蔬菜，這是常有的事。

從都市人的角度來看，用古早的爐灶燒飯很不方便，因為還得自己砍柴才能用。但近年來燃料費用高漲，我有時會覺得城市的生活反而更脆弱。

鄉下人有一套生存的智慧，過冬前會先儲備蔬菜，如果有多的也願意與人共享。當然，車程一小時的地方就有大型超市，也可以從網上訂購食品。可是，萬一網路壞掉了該怎麼辦？尤其鄉下的高齡世代沒有網路也活得好好的。我覺得他們真的很不了不起。

每一個地方都有他們獨特的生活智慧，不只日本如此，世界各地都一樣。反過來說，城市才是坐井觀天，有時候逃離都市也是一件好事。如果完全脫離都市生活讓你擔心，你也可以像我一樣過兩地生活，或是短期移居也很不錯。

❖ 逃離現實也是聰明的方法

前面談到的都是物理上的逃跑手段，至於脫離不了現實環境的人，**用「逃離現實」的方法跳脫痛苦的現狀，這麼做也是有意義的。所謂的逃，是一種有效的緊急避難手法。**

無論是喜歡看電影、看舞台劇、追星，有喜愛的興趣的人就把興趣當你的避風港吧。

人類沒有幻想是活不下去的，雖然有些人追星追到走火入魔，甚至變成偶像的跟蹤狂。但大多數人只是去看演唱會，看自己喜歡的偶像，讓自己開心幾天。這種心靈上的避風港非常有用。

不少女性都是寶塚歌劇團的粉絲，她們追星的心態感覺也比男性粉絲更健全。

☼

我有一些朋友很喜歡寶塚歌劇團，她們告訴我，台上的演員不是真正的男性，反而比較符合她們心目中理想的男性形象。因為現實中的男性總是令人幻滅，就算看起來是很棒的人，也可能外遇出軌令人失望。而寶塚歌劇團的演員不是真正的男性，不會背叛她們的期待，可以安心放入感情。我覺得這種說法雖然有些扭曲，但也讓我明白了其中的道理。

《冬季戀歌》這部戲帶起了韓劇潮流。聽說很多女性都是看韓劇來滋潤心靈，讓自己恢復元氣。我有一位年紀比我大的女性友人，丈夫突然去世，幾個好朋友約好一起去拜訪她，替她加油打氣。大家正想安慰她時，她卻滔滔不絕談起自己喜歡的韓劇，甚至還拿出韓星的照片與我們分享。因為她跟丈夫感情很好，我們原以為她會很失落，結果看來是杞人憂天了。

❖ 頂尖插畫師內藤RUNE的避風港就是電影院

我很喜歡已經去世的插畫師內藤RUNE。我們見過一次面，他跟我講過自己的故事。據說，他有一陣子過得很辛苦，還被人騙走錢財，難過到想要自殺。

那個時候他只要一看到電影院就會躲進去，上映的電影好不好看無所謂，反正就是進去挑個位子坐下來。電影開演以後，四周變得黑壓壓一片，無論如何他都會看到最後。

看電影的過程中，所有的痛苦情緒會被忘記，也多虧有電影院這個避風港，他才有往後的成就。人在真正痛苦的時候，哪怕只有一小段放鬆的時間也好。這種逃跑的方式，或許值得我們效法。**讓自己稍微放鬆一下，就能減去很多心理負擔**。

他還告訴我，不必安慰自己總有一天會時來運轉，在最痛苦的時候，進去電影院放空一下，自然沒有跨不過去的難關。

前面提到的生命線自殺防範支援中心，也有提供電話諮詢服務。如果你真的想不開，打個電話和人聊聊也許會有幫助。這種電話也是一種緊急的避風港。

☼

本章從各種角度探討逃跑這項行為，包括逃跑的定義、逃跑的目的，以及遇到哪些問題應該逃跑。下一章我會根據自己過去的經驗和感受，具體說明逃跑的方法。

第二章

逃離黑心職場

❖ 想休假卻休不了

這一章我們來思考一下，該怎麼逃離職場。**所謂的逃離有兩種，一是暫時休假避難，二是辭職徹底逃離這份工作。**不過，很多人是想休假卻沒辦法休。

就像第一章提到的，公司制度完善的話，員工不可能休不了假。有薪假本來就是員工的權利，想休假卻不能休，這是公司的制度有問題。

日本的公司對待員工，往往是讓每個人從工作中積累經驗，在這種環境下，許多人的工作模式就像是獨立作業的工匠。類似中世紀歐洲的工匠行會，資深的工匠把自己的技術傳授給徒弟時，由於沒有標準化的教學方法，所以必須花費大量時間進行一對一的教導。在終身僱用制的時代，這樣的方式可能有其便利性。

不過，萬一有資格傳承的老師傅，一身本事還沒教完就先離職了，那麼業務執行上就會發生困難。

☼

日本政治家似乎還在使用這一套傳承方法。議員世襲的弊病廣受矚目，如何傳承「家族事業」也成了一大問題。

政治人物為了勝選，只會採用保守的老方法。好比首相岸田文雄[2]、前首相麻生太郎，還有已經亡故的前首相安倍晉三也是如此。他們的家族擁有只有家族成員才能理解的「專業知識」。而且除了政治人物以外，很多職業也是世世代代用同樣的方法傳承。

就以醫生來說，有的醫生自己開業以後，也希望兒子就讀醫學院繼承衣缽。做生意的把家業交給兒子繼承，好像也是理所當然的事。正因為有這樣的傳統，在各大企業和組織當中，常常會有些事情只有某個人知道，而重要的業務並未與其他人共享。一旦關鍵人物離職，就得花費大量的心力和時間交接，這也是人們不敢輕易辭職的原因吧。

2 岸田文雄任職首相的時間為二〇二一年十月四日—二〇二四年十月一日。本書日文版於二〇二三年出版。

❖ 你不在了公司也不會倒

新冠肺炎被指定為第二類法定傳染病時，凡是感染或是接觸過感染者的人，都必須在家隔離七到十天。這導致醫院人手不足，幾乎面臨醫療系統崩潰的局面。

我在東京工作的診所，有一位能幹的職員因為跟患者接觸，不得不隔離一個禮拜。

那位職員很優秀，誰也沒料到她會休息那麼長的時間。起初我們也很擔心診所撐不下去，後來其他員工同心協力，彌補了這個人力空缺。

當然，並不是說少了那個職員也無關緊要，而是就算其他第一線人員沒有她那麼強大的能力，大家也還是會想辦法讓工作運作下去。

☼

如果你真的很想休假，直接休假就好，不用怕會給大家添麻煩。萬一公司少了你就變得亂七八糟，那也絕不是你的責任。

實際上，改革工作方式已經是一股不可逆的潮流，只是很多企業都還不知道如何因應。不讓員工休有薪假的企業，未來將受到政府的責罰，但大部分的企業都還沒有一套完善的制度來彌補人力缺口。現在醫療機構也承受著這股改革的壓力。

❖ 為什麼有些職場害怕改革？

在改革正式實施之前，不少醫務人員已經戒慎恐懼。大家對改革的看法都是負面的，他們怕休假的人變多，值班的醫生人力不夠。改革都還沒開始實施，大家就把整個醫療環境搞得人心惶惶，好像這種新制度根本不可行，一定會導致醫療品質下滑一樣。明明改革以後大家都有機會能好好休息，卻沒法用正面的角度來看待變化。

☼

二〇一八年，我的母校東京醫科大學爆發一樁醜聞，原來東京醫科大會刁難女性（和重考生）入學。醜聞爆發後，人們才發現女性要當上醫生有多不容易。

簡單來說，是因為認為女性醫師結婚生子後可能會為了家庭而辭去工作，所以故意刁難不想讓女性成為醫生。

其實正確的做法是改革醫療制度，幫助女醫生解決生育後的問題。只要有一套完善的制度，讓其他醫生暫時填補產休的空缺，女性醫生生完小孩也可以回職場服務，成為長久的醫療戰力。可惜到目前為止，這一切都沒有被好好的處理。

❖ 老一輩的人把長時間勞動視為驕傲

除了這種迂腐的制度問題，不敢休假的人可能都有一種「休假恐懼症」。

昭和時代（一九八八年）有一個提神飲料的廣告，文案是「你能二十四小時戰鬥嗎？」那個年代的人從早工作到晚，這種訴求深獲好評。直到現在，人們似乎還是沒辦法捨棄那樣的自豪感。

不過，當年的勞工也逐一退休了，總有一天會從職場上消失，我想之後日本人的工作方式會有大幅度的轉變吧。

☼

最近的年輕醫生，開始把準時下班視為理所當然的事情，值完夜班的日子他們也會在家好好休息。然而，很多老醫生對這種態度完全不能接受。

老實說我也很難準時下班回家，年輕人倒是習以為常，對於自己準時下班，而前輩還在辦公室待著，也不認為有什麼好抱歉的。

因為他們沒經歷過過去那個年代，不會把長時間勞動視為美德。然而，年長的醫生則會懷念地說：「以前可是可以五天五夜不睡覺工作哦！」他們平常不會刻意這樣說，但一旦喝了酒，就會開始像講英雄事蹟一樣說個不停。

❖ 電影裡描述的職場和家庭關係

有一部電影叫《黑部的太陽》（一九六八年上映）。電影描述在高度經濟成長期，費盡九牛二虎之力建造黑部水壩，來彌補龐大的用電缺口。這部電影幾乎像是政府的政績宣傳廣告。

小時候學校帶我們去過看這部電影。幾年前ＢＳ電視台曾經重播過，我重看的時候感到非常驚訝。

三船敏郎飾演的主角是水壩建造時的現場監工，他的小孩得了白血病，這件事情他沒有讓任何同事知道。

妻子希望他能回家看看孩子，但他遲遲沒有回去。唯一去探病的那次，也是趁女兒深夜入睡，他在病房外看了女兒一眼，什麼話都沒說又回到了水壩建設的現場。

工程最困難的隧道終於挖通了，大家歡欣鼓舞之際，主角接獲女兒病逝的電報，但他還是沒有告訴任何人。

最後水壩完工，所有人舉杯慶祝，男主角也流下了眼淚。大家都以為他是因為艱鉅的工程完工喜極而泣，總之是這樣一部電影。

☼

從現在的角度來看，主角做的事情根本就是拋棄了家庭。孩子病死了，當父親的也不肯回家一趟，實在太過分了，但在當時這被視為一種美德。

如果抨擊那樣的價值觀，把家庭放在大義之前，就等於是在否定當年的日本。經歷過那個年代的人，都見識過日本前途一片光明的盛景，他們不會否定那樣的做法。因為那是他們的驕傲，大家都認為自己有著那樣的堅韌精神拼命在工作的。

❖ 老一輩的人都退休了，工作方式將截然不同

我想等那一輩的人都退休了，日本人的工作方式會大幅改變吧。不過，這些舊世代的人可能還是企業的高級主管，每天早上都還是第一個到公司上班。反過來說，他們在家庭中可能也沒有立足之地，所以只好一直待在公司吧。

整天待在公司還算是好的，有的人退休後整天在家，這讓許多太太們都受不了。這種情況又被稱為「丈夫退休症候群」或「黏妻症候群」。現在遠距離上班的人變多了，或許要改叫「丈夫在家症候群」了。

丈夫整天在家，妻子會感受到巨大的壓力。尤其是不做家事的丈夫，三餐都要靠妻子張羅。這也就罷了，很多男性不控制妻子的行動就會感到不安。

☼

有的婦女壓力大到找我訴苦，像是每次外出都必須跟丈夫報備行蹤，還會被說「你要是出去了，我的午餐要怎麼辦？」也難怪那些妻子想逃離這種狀態，關於這個問題，我們留到第三章再來討論。

老一輩的男性往往不會覺察到妻子的壓力，反而容易被所謂的「男性浪漫」所吸引。不少中年男性都喜歡吉田類的《酒店放浪記》[3]，男人喜歡無拘無束地遊蕩，自己一個人到遠方旅行，完全沒考慮過家庭，這種人還滿多的。

其實退休後有很多事情可做，可以待在家中做自己喜歡的事情，或是參與社會活動。但老一輩的男性做不到這些事，或者說，許多人從來沒想過還有這樣的生活方式。

3 吉田類，日本作家及電視藝人。他為BS－TBS主持介紹各地居酒屋的「吉田類酒場放浪記」。

❖ 放下努力，你才逃得掉

還有一個話題跟前面提到的休假症候群有關，**如果想逃離痛苦，必須放下努力過度的毛病才行。**

大約十五年前，經濟評論家勝間和代女士提倡的女性生活方式曾經成為一種流行。簡單來說，就是每天高效地利用時間，積極投入工作。這種生活方式包括不否定努力，並且努力是美麗的。那時候有很多女性來找我看診，她們很嚮往勝間女士推廣的生活方式，但實際嘗試後又覺得那樣太疲憊了。

我建議她們不要太努力，結果她們反問我，該往**哪個方向努力，才能讓自己不再努力？**她們不是開玩笑，而是真的不知道自己問題出在哪裡。

還有患者問我，市面上有沒有教人家放棄努力的書籍，她們要買來閱讀。

我回答她們，為了不努力而努力，不覺得很矛盾嗎？她們就是看了這些書才把自己累壞的。但她們太認真了，根本聽不進去。

來找我看診的女性患者大都生性認真，會利用閒暇學才藝、外語，或是去考取證照。近年來，這些女性之間流行的是「靜修」，就是在非日常的場所放鬆身心。

也有旅行社提供這種旅行，而且價格並不便宜。老實說，與其參加這樣的旅行團，自己一個人獨自旅行反而更能放鬆身心吧，但現在似乎有很多人認為，只有透過商業化的活動才能放鬆下來。這些旅行都會規劃特定的行程，像是在某個時間要進行瑜伽活動等等。只是，一群人一起做那些事真的就能放鬆嗎？

既然會有這樣的旅行團出現，就表示對現代人來說，已經難以接受什麼都不做、只是休息或無所事事的狀態了。

❖ 休息為何要在意別人眼光

北海道電視台有一個節目叫《玩轉世界瘋很大》。藝人大泉洋也有參與演出，節目內容就是他們會隨意地展開旅行，這種隨性、即興的旅行風格受到了觀眾的喜愛。我感覺現在也有不少人效法這樣的旅行方式。

這樣的方式本身並沒有問題，但我認為，像《玩轉世界瘋很大》那樣的玩法，並不一定是好的參照方式。為什麼呢？因為現在有了社交媒體，很多人會將自己與他人比較。

比方說，你追蹤的人發了一則推文：「今天休假去了哪裡玩」推文上還有照片或影片。你看了一定會心生羨慕，也想渡過一樣的假期吧。就像第一章提到的那樣，現代人就連休假的時候，也在意別人的看法跟評價。

❖ 現代社會大家都在意旁人的看法

有些人甚至覺得，只有在ＩＧ上照片看起來好看的休假，才算是真正的休假。在網路上昭告自己的生活，對年輕人來說似乎很重要。聽說現在年輕人不喜歡和菓子，原因是和菓子造型太樸素，拍照之後不容易得到稱讚。

和菓子的紅豆餡是深色的，照片中的視覺效果不夠美麗。即使拍大福的斷面秀，由於紅豆餡是深色的，也只能看到一團黑黑的東西。

不喜歡吃紅豆餡所以不想吃，這種理由我還能理解，但現在的年輕人並不是這樣，他們不想吃紅豆餡，純粹是紅豆餡在別人眼中不好吃。社群平台徹底入侵他們的生活，產生了這種扭曲的現象。

☼

精神分析學家拉岡把世界分成想像、象徵、真實這三大層面。離我們最近的是想像，因為我們只能透過別人，才能理解自我存在。

這就好比幼兒只能透過鏡子來認識自己一樣。我們長大成人以後，仍然無法客觀地審視自己。同樣只能透過鏡子、照片，現在還多了一樣影片，我們透過這些影像來想像自己是什麼樣的人。

可是反過來說，被外在環境束縛，也代表我們長大成人後，自我認知跟童年時沒兩樣。或者應該說，這種認知在現代反而是常態。

也難怪現代人無法逃離苦難，因為我們無時無刻都在意別人的眼光。

❖ 精神科醫生建議患者的休息時間是兩個月

有些人雖然在意別人的眼光，但想休假的時候還是敢於休假。真正麻煩的是那種，想休假卻不敢休假的人。

對於那些應該休息的患者，我會開出醫生的法寶——診斷書，跟患者說：「我開診斷書給你，無論如何先休息一下吧。」許多病人一聽到要休假都會感到驚慌。那些病人沒法安心休假，有些人甚至希望縮短休假的時間，不想遵守醫生的囑咐。

通常我會建議患者休息兩個月，這是有根據的。如果你只休息一個月，等你開始適應休假的生活，假期就要結束了。大多數患者一開始休假都不習慣，成天躁動不安，一兩個禮拜就這樣浪費掉了。大概要等到一個月過後，才會有真正休假放鬆的感覺。因此我都會建議休假兩個月比較好。

即便開出醫囑，說不休息兩個月不行，不滿兩個月就不會產生效果，還是很多患者跟我說不可能休假這麼久。

曾經聽過員工拿診斷書去跟上司請假，被上司撕掉診斷書的故事。現在政府規定，只要提出診斷書，公司就必須准假。至於業務交接是公司的責任，我會告訴患者好好休假，不要擔心這些。

同樣的話我跟幾千名患者說過，大多數患者休完假，病況也確實好轉了。有些人甚至只休兩個月不夠，必須休更久才行。但幾乎每個休假回來的人都會說：「有休假真是太好了。」

❖ 覺得心累了，就好好休息

每一個患者來看診的原因都不一樣。有的人在職場上經常出包，上司建議他們去給公司聘請的醫生看看，醫生建議他們來看精神科。也有人變得越來越沉默寡言，家人建議他們來看精神科。

大部分的人都是等到身心出問題，才會願意來看診的。像是頭腦不靈光了，飯吃不下了，體重不斷下滑，晚上失眠睡不著覺等等。

如果你也有這些症狀，最好去精神科就診，請專業醫生診療開診斷證明給你。不過，等症狀發生再來休息，通常要花很長的時間才會康復。所以，當你感覺心累的時候，就該休息個兩三天了。

☼

偏偏很多人都做不到短暫休息，一定要撐到精神不堪負荷，需要長期療養的地步才來看診。倘若你的親朋好友，都覺得你看起來跟平常不太一樣，這種時候，我認為你應該毫不猶豫地去精神科就診了。

有些患者來看診，都希望我開特效藥給他們。說實話，再有效的抗憂鬱藥物，也需要花時間好好休息，讓大腦得到休息並自然恢復，重拾正常的身心狀態。

也有患者純粹是不想工作，才來找精神科醫生開診斷書的。這種行為也給部分醫療機構帶來不小的麻煩，最近有些精神科醫生也避免輕易開出診斷書了。

順帶一提，我寫這本書的用意，不是推薦大家去看精神科，求診看病應該是最後的手段。基本上只要你覺得疲累了，就該放幾天假好好休息一下，這才是最好的方法，也是最棒的逃跑手段。

❖ 真的累到受不了就別工作了

如果你不討厭自己的工作和職場，只是工作太忙太累，那麼稍稍休息等待恢復是最好的方式。不過，要是你想辭掉工作，那就另當別論了。

對於那些已經感到極度壓力的，卻無法辭職或逃跑的人來說，情況可能更加困難。

一部分人是擔心經濟問題。因為依個人意願離職的人，是拿不到失業給付的，必須馬上找到另一份工作，否則就無法維持生活。

想要辭掉工作的人，心裡多半已經千瘡百孔了，理論上最好先休養一段時間，慢慢找工作。但現實情況往往不允許，正是因為這樣，很多人會猶豫是否該辭職。

☼

就像之前說的，日本人似乎覺得逃避工作是不對的。不少人對辭職、更換工作都抱有罪惡感。我也碰過這樣的患者。我會告訴他們，現在碰到的情況，是職場環境有問題，不是你的錯，不換個職場是解決不了問題的。我知道換工作需要莫大的勇氣，但關鍵在於，要勇於改變環境。

❖ 到離島工作反而恢復健康

我有一個患者的例子可以介紹給大家。這位患者本來在中學當老師，對工作抱有崇高的理想，差點把自己累壞。後來，她聽說有離島在招募老師，她有點走投無路地決定報名。結果她得到了那份工作，還跟我說她要去離島教書了。

在離島教書，寒暑假還是會回東京，她就利用假期來找我看診。我發現她在離島過得挺好的，甚至開始享受海上運動，身心都變得非常健康。她說離島的村民大家都互相認識，沒什麼隱私可言，生活也不方便，還是東京比較好。話雖這麼說，但她並沒有任何要回東京生活的跡象，顯然很享受那裡的新生活吧。從結果來看，她的選擇是正確的。

她本質上是個城市人，我不認為她會在離島待一輩子，但即便如此，她仍然在完全不同的環境中享受非日常的生活，或許等她休養生息好了，就會回到東京了。

像她這樣勇於改變，也是一個不錯的選擇。萬一換個環境行不通，到時候再想其他方法就好了。或許新環境不合你意，覺得自己選錯了方向。那也沒關係，再換一個環境就是了。

☼

到一個截然不同的環境生活，就算時間不長，也可以讓你客觀審視自己。你會發現舊環境不是生活的一切，其實還有完全不同的生活方式，這樣視野會變得更開闊，自然能有更多選擇。

也不一定要到外地生活，單純換個職場，體驗不同的公司和工作也是一種方法。遇到不喜歡的新公司和新工作，可以再繼續嘗試，沒必要勉強自己緊緊抓住當前的工作不放，不用勉強自己待下去。

當然，也許你的新公司可能比舊公司更糟糕，但現在要找職場資訊比以前容易多了，也不用過於擔心。

❖ 放棄職涯規劃到海外工作的護理師

我認識一位三十多歲的護理師，本來的工作是負責照顧癌症病患。工作一段時間後，她發現年輕人罹癌逝世的風險也很高，因此決定換一份工作。

那些因癌症去世的年輕患者，讓她體會到人生苦短，應該要盡情過活，不讓自己留下遺憾。誰都有可能突然罹癌去世，不該把夢想放到未來，而是要即起而行。她開始學習衝浪，利用打工度假簽證前往澳洲工作，把不需要工作的閒暇時間拿來衝浪。

☼

她在澳洲的工作，跟護理完全沒有關係。親朋好友也反對她放棄多年的資歷，但她想到海外工作的念頭，還是勝過了煩憂。

她說，希望趁自己年輕力壯時，作自己想做的事，以免死前留下遺憾。至於打工度假結束後該怎麼辦，目前還沒有做決定。

她有護理師的資格，回到日本後應該還能重新進醫院工作。但從事護理師這份工作，需要不斷學習新知，她只擔心自己跟不上其他人的步伐。

❖ 害怕履歷空白的強迫症

日本人有一種「履歷上不能有空白」的強迫觀念。可是仔細想一想你會發現，現在是一個動盪的年代，你現在待的公司能否再存活十年其實是個未知數。

我在大學教書的那個時候，文組學生嚮往到航空公司、旅行社、都市銀行、證券公司上班。但新冠疫情爆發後，航空公司和旅行社都慘澹經營，金融業前景也不樂觀。也有不少家電製造商被併購，或被外資收購。

在這種前景不明的時代，再怎麼想在一家公司終老，但公司也會有倒閉的可能，現在已經不是以前那樣，論資排輩升遷的時代了。

☼

換個角度想，這是一個容易轉職的時代。如果對現在的工作不滿意，直接逃跑就好了。

據說，最近有越來越多學生嚮往公職，或許這也反映了這個時代的動盪不安吧。但考上公職也未必就安定，像北海道夕張市的財政就出了問題，也聽說因為工作太忙而離職的國家公務員不斷增加中。我認為，現在這個時代，與其追求穩定，還不如選擇自己想做的工作。不曉得各位的想法是什麼？

❖ 放膽航向新職場

轉換到一個全新的領域，可能以前的經驗就派不上用場了。但我認為這是可以坦然接受的。

我也是有了一點年紀，才轉到綜合診療科服務的。等你有足夠的人生經驗，遇到不懂的事情就會勇於發問。年輕時，會覺得「不知道」或「做不到」是一件不太容易說出口的事，現在就沒有這個問題了。老實承認自己不懂，同事自然會幫你。當然，你也不能一直狀況外，但一開始剛到新職場，大家都願意體諒的。

只要先說清楚，自己以前沒接觸過這個領域就好。當然這種情況也取決於工作類型不同，但最近確實流行引入新的觀點和思維方式，反而讓轉職變得更加容易。

不然換個生活環境也不錯，第一章我們有談到移居的話題。搬到其他地方找新工作，也是一個很棒的逃跑方法。

移居到北海道現在似乎是種風潮，到處都有教人如何進行移居的雜誌。也有些年輕人搬到北海道創業，做了紅酒釀造的工作或是開設巧克力工廠。

還有人特地從東京搬到北海道，就只為了當獵人。他們會打野鹿並解體，然後將肉供應給提供野味料理的餐廳。這種工作算自由業，其實地方上還有很多上游產業的工作，不是一定要坐辦公室才叫穩定的職業。

❖ 住露營車享受自由生活

現在還有企業提供訂閱制的移居服務，每個月只要花幾萬日圓，就能搬到全國各地生活。據說遠距上班的人常用這種服務，也有人利用這種服務，在全國各地短期打工。手機上也有短期打工的媒合APP，只要輸入自己所在的區域，以及會在當地逗留多久，平台就會自動幫你找到合適的短期打工。像是去農家協助耕作，或是去獨居老人較多的區域，幫忙修理屋頂之類的，甚至還有家教的工作。從事這種短期工作，賺到一點生活費以後，就能移動下一個地方了，堪稱現代遊牧民族。

☼

還有越來越多人住在露營車上，不願在同一個地方定居太久。北海道路邊的休息站，就有不少露營車。你看到一定會很意外，原來日本有這麼多人過著現代遊牧的生活。

過去日本人講究落地生根，對漂泊生活總是抱著負面印象。畢竟沒有穩定工作，也沒有固定的住所。一般人認為這種生活太沒保障了，可是萬一發生天災，房子也有可能毀於一旦。尤其日本天災頻繁，經歷過東日本大地震之後，反而越來越多的人開始不再堅持固定的住所了吧。

❖ 東西越少越好搬家

有些人可能會想，這種移動的生活要經常搬家，一定很麻煩吧。不過，現在的年輕人物慾都不高，只擁有最基本的生活用品。

以前我跟學生討論過，音樂ＣＤ是不是生活必需品。學生告訴我，他們根本就沒有聽ＣＤ用的器材。幾乎都買電子書，衣服只需要有最基本的幾件就好。總之他們就是不擁有太多物品，衣服也不講究，總之持有的東西並不多。

某位醫大的教授跟我說，現在的學生家裡都沒書桌了。因為他們都用平板電腦念書，可以隨便挑個地方坐著念，或是躺下來念。那位教授認為，念書就應該坐在書桌前面，但現在的學生沒書桌也能學習得不錯。真的需要用到書桌的話，再去圖書館或咖啡廳就好。

最近的實習醫生手上都不拿書，改拿平板電腦了。我以前當實習醫生的時候，手上都要抱著大部頭的醫學書。大部頭的厚重書放在家裡很佔空間，現在醫學書也電子化了，有一台平板電腦就能閱讀了。沒有紙本書，搬家自然輕鬆許多。

因為東西不多，帶著一個旅行箱就能四處移動了。我在北海道任職的醫院，是請人力仲介派遣護理師來工作，有些年輕的護理師在同一個地方只待三個月，然後再去其他醫療機構任職。

我跟她們聊過，她們說想趁年輕到各地去工作，因此也常去離島和偏鄉服務。有工作的那三個月，就住在醫院提供的宿舍，之後再開車到其他地方找工作。原來社會上也有這種工作方式。

❖ 短期工作不必煩惱人際關係

在同一個職場待太久，有時會讓人覺得處理人際關係變得麻煩。反之，在一個職場只待三個月，還可以在留下美好回憶之前離開。離開之後也能維持良好的關係，到下一個地方繼續過日子。

人際關係是壓力的來源，很多資深護理師辭職也跟人際關係有關。尤其值夜班要跟同事長時間相處，更容易產生密切的關係。

不過，只待三個月就沒這種問題了，同事會認為你是一個好相處的過客。從某種角度來看，這樣的關係反而健康。當然，短期工作無法累積資歷，但至少被捲入複雜人際關係的可能性會少很多。

☼

看在老一輩眼裡，他們大概會覺得這種工作方式，無法帶來成長的機會。不過我倒覺得，如果一定要忍受各種磨難才能成長，這種成長有什麼意義？

如果將來有了孩子，可能必須讓孩子上學，那時候或許就不得不定居在某個地方。但或許將來會有越來越多的人選擇每半年換一所學校，或者以這種方式生活下去。

❖ 雙據點生活

大約在十多年前，我搭計程車時聽到AFN的廣播節目（美軍電台，過去稱為FEN）。因為很少有司機先生會聽英語節目，我就問他是不是在學英文？他說，英文算是必備技能。我又問他，是不是想從事英文相關工作？於是，司機先生開始聊起他的人生經歷。

他的興趣是開小型飛機，他打算先在日本開計程車半年，等存夠錢就到阿拉斯加去開小型飛機。

我說他「真了不起」，司機先生是個非常害羞的人，回答說「這真是不好意思」，當我再稱讚他「真酷」時，他謙虛地說「因為我還是單身，所以才能這麼做。」雖然年紀不輕了，還是敢嘗試不一樣的生活方式。

☼

戰地記者櫻木武史有一本著作，叫《我的朋友死於敘利亞戰爭中》[4]。他曾在書中提到個性膽怯的他成為戰地記者的過程。也因為擔任自由記者無法養家活口，所以他兼職開大卡車存錢，存到錢之後就到阿富汗等戰地進行採訪。

他過的就是雙據點生活，平日往來於日本和戰地。儘管這兩種生活方式很極端，但確實也有這樣的工作模式。

4 《シリアの戦争で、友だちが死んだ》ポプラ社，二〇二一年出版。

❖每個人都有轉換跑道的時機

我想從事偏鄉醫療工作有幾個原因，首先我當了快三十年的精神科醫生，我想用不同的方式對醫療做出貢獻。當然，我也還繼續在東京的精神科醫院看診，等於在兩個地方工作。

第一章提到過《小孤島大醫生》這部影片，醫療劇很受觀眾歡迎，電視台也拍了不少部。每一齣醫療劇的結局大多是「啊，有醫生在真是太好了！」我有時候也會看醫療劇娛樂一下，說實話，我繼續在東京當醫生沒太大意義，東京的醫生要多少有多少，少我一個也有其他人代替。

我想在缺乏醫療資源的地方看診，因此才到北海道工作，或許我也順利逃出了自己的瓶頸吧。實際上到了北海道，當地人也很高興我的到來，此情此景也確實很像醫療劇的情節。我也嚮往得到那樣的讚美，不管從事什麼工作，每個人都會碰到轉換工作職涯的時候，就算是做兼職工作也一樣。

❖ 不在意四處漂泊

有一家已經歇業的家庭餐廳叫Anna Miller's，我以前念書的時候，有很多女學生在那裡打工當服務生。

因為那家餐廳的制服很可愛，因此很受到女學生喜歡。穿著制服，笑容可掬地接待來客，對她們來說也是一種樂趣吧。就好像在玩角色扮演一樣，但我認為每個工作都或多或少都有類似的成分在。

也不只大都會的工作如此，鄉村的工作也一樣。在僻靜的鄉村從事農業工作，而且能覺得自己辛勤工作時很酷。如果你能這麼想，或許不妨試試看。

有一個叫「KidZania東京」的主題樂園，可以讓孩子們穿上各種制服進行職業體驗，我認為對大人來說，這也可以是一個啟發，讓你嘗試一下自己想嘗試的工作。各位也可以享受一下這種意趣，去嘗試自己想做的工作，這也不失為轉換跑道的契機。

如果現在所在的工作場所讓你想逃離，但又不知道該做什麼，那麼不妨換個環境試試看。這樣的選擇方式可能會被認為對待工作不謹慎或不認真，但我覺得如果要逃跑的話，當然要期待更有趣的事情啊！

萬一到新環境也不順利，也不要逼自己硬撐下去。無論是回到原來的地方，還是思考下一個階段都是可以的。即使被說成是無定性的人也沒關係，**逃跑就能讓自己變得更自由，那我認為這樣的選擇反而更好。**

有時候，
逃跑也沒關係

第三章

逃離煩人的家族

❖ 震災後家庭關係反而更緊密了？

東日本大地震爆發後，有很多人失去了親人。也因為這樣的經歷，「家族的羈絆」這個說法就更常被提起了。

有的家庭確實關係更緊密了，但也有相反的狀況發生。其中一個原因是福島核電廠事故發生後，家人之間對事故帶來的影響認知不同。當初核電廠事故的消息一傳出來，就有人打算逃到沒有輻射汙染的地方避難。不少人都來精神科找我商量這個問題，因此我記憶深刻。

例如，有些人害怕輻射汙染，再也不敢食用國產的生鮮食品，偏偏她的丈夫根本不在意這個問題，繼續讓孩子食用國產食品。夫妻之間價值觀的不同，在這個時候就浮上檯面了。

很多人認為，一家人生活在一起，價值觀有落差並不正常。但家庭也是一個一個不同的個人組成的，觀念不同也是很自然的事。然而大多數人往往抱有「家族是一體的」這樣的幻想，全家人都必須有同樣的思維和願景才對。相信很多人都被這樣的想法束縛著吧。

新冠疫情爆發後，類似的問題再次浮上檯面。例如像是妻子規定在超市買回來的東西必須消毒過後才能吃，而丈夫則完全不在乎，甚至不洗手就直接吃。

☼

在新冠疫情期間，厚生勞動省提供了網路諮詢服務，我也去支援了一個多月，所以很常聽到類似的煩惱。

在諮詢中最常見的問題是「太太主動居家隔離，丈夫卻照樣去應酬打高爾夫球。」這類的困擾。比起擔心自己感染新冠該怎麼辦，家庭成員之間的矛盾反而更多。我也聽過這樣的抱怨：「我不想打疫苗，但丈夫說我應該打。」

☼

最近的宗教二代的問題也是一樣的情況。「如果父母信仰某個宗教，那麼孩子理應也信仰同樣的宗教」這種觀念下使得孩子們也被迫接受信仰。

並不是只有統一教這類的新興宗教才有這種問題。基督教也講求全家信教，而且規定聖誕節必須全家一起過，或者認為家庭成員應該和睦相處關係融洽等等。但也許有些孩子可能對宗教信仰產生疑問，在這樣的家庭中長大的宗教二代也會為家庭觀念上的差異而苦惱。要逃脫這樣的情境是非常困難的。

❖ 凡事配合家人，無法獨立自主

現在的時代常常強調「獨立自主」，但實際上，有很多時候個人的意願並未受到認可，尤其是和家人一起生活時很難活出自我，這才是真實的情況。

我在第二章也提到，來精神科諮詢多半跟兩種煩惱有關，一是職場的人際問題，二是家庭問題。像是夫妻、親子、兄弟姊妹之間的問題。碰到這種問題，有些人認為直接斷絕往來就好了，但親情不是這麼容易說斷就斷的。有時候，雖然自己想要斷絕關係，但由於家人的原因，往往無法做到。

不敢斷絕夫妻關係的女性，幾乎都是擔心經濟問題。另一個原因是怕小孩無所適從，大多數人在小孩成年之前，都不敢離婚。

也有人害怕孤獨死，尤其是在東日本大地震發生後，很多人認為即便是跟討厭的丈夫在一起，總比沒有人在身邊好。這樣想法似乎在四十歲左右的人中比較普遍。

對於這樣的諮詢，我常告訴她們，因為害怕八十歲的時候孤獨離世，所以強迫自己再忍耐四十年，這樣划算嗎？況且，誰敢保證丈夫一定活得比較久？就算真有丈夫相伴，說不定死神會在丈夫外出時來索命。事實上，沒有任何方法能完全避免孤獨死的發生。

❖ 獨居才能自在解脫

她們對於老後獨自生活感到恐懼。另一方面，社會上仍然有很多人對獨居的高齡者抱有負面印象。

但是，我身邊獨居的老年人，並不是那樣的情況。我在北海道鵡川町的偏鄉服務，這裡有很多高齡的獨居老人。有的是老伴去世，有的是離婚後獨居，每個人獨居的原因都不一樣，但日子都過得很快樂。

大家會互相關照，偶爾舉辦一些同樂的活動，像是公園高爾夫比賽等等。他們也會規劃旅遊行程，邀請大家一同出遊。務農的人還會互相交換收成的蔬菜，每個人都開開心心過日子。

偏鄉居民都會組成一個群體，老年人獨居也不會寂寞。老來獨居沒有大家想的那麼可怕，再加上社區不大，如果有人一兩天沒露面，大家也會互相關心「○○先生／小姐怎麼了？」所以不太需要擔心孤獨死的問題。

相反地，在都市中，也曾經有過獨居的老年人死後一週才被發現的情況。

☼

二〇〇九年，演員大原麗子孤獨死的新聞被報導出來後，有一位女性患者跟我說，她很嚮往那種死法。她與丈夫、孩子，以及丈夫的父母一起生活，作為媳婦她過得非常辛苦。

她很羨慕獨自死去的大原麗子，我問她為什麼，她說她沒有自由死去的自由。她一生都在照顧家人和公婆，所以羨慕大原麗子那樣，一個人自由自在過日子，一個人自由死去的人生。

❖ 痛恨父母的兒女

有一個名詞叫做「成人兒童」（Adult Children）。有些人認為這是指像孩子一樣幼稚的大人，但這是一種誤解。真正的意思是，那些在兒童時期沒有得到適當養育的孩子（兒童），長大成為大人（成人）後會面臨的情況。這樣的人即使成為成年人，依然會因為父母的問題而面臨各種困難。

美國五〇年代到六〇年代，是一個父權極盛的時代，日本也不遑多讓。女性和兒童都被當成父親的所有物，通常小孩子是沒有人權可言的。美國一直到六〇年代，這種情況逐漸改變，日本則到七〇年代才有所改善。最初的時候，大家可能還會覺得「孩子也有人權嗎？」

☼

兒女按照父母的意思就業，跟父母指定的人結婚，這種情況難道不奇怪嗎？當人們意識到這個問題的時候，很多人開始對自己的父母感到不滿，因為他們發現自己的父母也是用這種方式對待他們。

在以前，就算那些人覺得自己的父母不正常，也不敢把那種想法說出來。由於大家都有相似的經歷，看到小孩子受到壓迫也會認為是理所當然的。

當這些孩子長大成為父母時，也會對自己的小孩做同樣的事情。當然，不是每一個人都這樣，但事實上，曾經有一個時代，成人兒童佔了絕大多數。

❖ 兒女把父母告上法庭

後來人們開始重視這個社會問題，兒童的權利意識汛速提高，美國接連有小孩控訴父母不當管教，將父母告上法院。

然而，即便在法庭上控訴父母施暴，父母的律師卻主張這已經過了法律追溯期。因為孩子被虐待是三、四十年前的事了，按常理來說也確實過了追溯期。兒女的律師則主張，應該從子女回想起不堪往事的那一刻來推算，最近這個主張也被法院接受了。

順帶一提，日本曾有身障者被迫結紮，後來一狀告上法院，也提出了類似的主張。結紮手術已經過了幾十年，身障者才發覺那是不當醫療處置，法律追溯期應該從這個時候算起。也多虧有這個判例，身障者的訴求才受到支持。

☼

「法律追溯期應該從子女自覺受虐時開始計算」，這個觀念被法院認可後，父母方就不斷敗訴。於是，父母聘請的律師和出庭作證的醫師開始主張，子女們的說法是所謂的偽記憶症候群（False memory syndrome）。

意思就是，父母並沒有真的虐待子女，但孩子竄改自己的記憶，甚至是想像和現實混合在一起，主張自己受到了殘酷的對待。雙方各執一詞，演變成親子在法庭互相攻擊的鬧劇。

在我的病人中，也有想要起訴父母的人，但即使勝訴了，我認為他們也不會覺得「一切都解決了，從此會過得幸福快樂」。我想賠償金額也不會太高，最終可能只會留下空虛感。

❖ 如何逃離有病的父母？

最近日本很流行「毒父毒母」這樣的字眼，很多人看了類似的書籍，認為自己人生過得不好都是父母害的。他們相信一定是父母教養不當，自己才失去了正常的成長過程。反正長大以後工作換不停、談戀愛不順，全都是毒父毒母的教養不當害的。

不過，講這種話並沒有太大意義。就算告上法院，也沒辦法徹底根除問題。我更希望大家好好放眼未來，思考接下來該怎麼做比較好。

☼

我曾經建議患者和父母好好溝通，尋求和解之道。可能是我的方法有問題吧，我從來沒有成功過。

即使進行對話，父母也沒有自覺，很難誠心誠意跟子女道歉，也不認為自己有錯。他們會說嚴厲管教子女，全是為了子女的將來著想。子女則會批評父母，說自己小時候被逼著唸書，還要去補習班補習，根本是教育虐待。

相反地，也有子女埋怨父母不讓他們去補習。有人怨恨父母逼他們走上安排好的路，也有人怨恨父母沒替他們做安排。

甚至有人說，那些厲害的體育選手，都是得到父母的悉心栽培才能發揮自己的天賦才能。他們抱怨父母放牛吃草，才會讓自己一事無成。

我看到這些孩子後，後來也不建議他們跟父母和解了。確實，察覺父母的問題不是一件壞事，但一昧責備父母、要求父母道歉都無法從根本上解決問題。

❖試著離開父母的生活圈

另一個更實際的方法是離開父母的生活圈。「我會變成現在這個樣子都是父母的錯。」還會抱怨父母，代表還沒有擺脫父母的影響。

比方說，有人想擺脫有病的父母，還找了第三方當公證人，準備立下老死不相往來的協議。父母也簽名同意以後再也不往來，子女可能會覺得被拋棄了，並因此感到非常受傷。這樣的人，其實還不是真的想要離開父母。或者說，他們可能還沒有做好離開父母的心理準備。

這些患者的痛苦我也感同身受，但我會告訴他們，這樣的生活繼續過一、二十年，人生一定會完蛋。這個說法往往能讓很多人意識到自己所處的現實。最近，我經常會用這種方式鼓勵他們勇敢前行。

☼

但這並不是一件容易的事情，推動患者向前是非常困難的。一開始保持同理心：「那真的是很痛苦吧！」一邊仔細聽他們的話。了解箇中原委後，才能掌握推動患者的時機。

一旦沒把握好，患者會覺得醫生跟父母一樣，都在否定他們。鼓勵的時機太晚，可能又會錯失改變的機會。在諮詢的時候確實存在這種時機問題，但只要時機拿捏得當，有些人可以從父母身邊走出來，開始新的生活方式。

☼

精神分析的創始者佛洛伊德認為，首先應該先好好聆聽患者的問題，並提出精確的分析。患者若能自己發現癥結，問題自然迎刃而解。但現實狀況並不是這麼簡單，有時候用強硬手段推患者一把反而更有效。

有些情況事後回想起來，「我是不是把話說得太重了？」但也不少患者很感謝我一語驚醒夢中人，所以這也不失為一個有效的辦法吧。

❖ 母女對立是無解的難題

親子問題中，最常見的是母女之間的矛盾。母女對立似乎是無解的難題。

我很喜歡詩人佐野洋子的文章。她在《死氣滿滿：人死之前，人還活著》[5]這本書中寫道，當她得知自己罹患乳癌，剩沒多久可活，便決定打起精神盡情過活。

我很喜歡她這種豪邁的生活態度，但佐野女士另一本著作《靜子》[6]，也描述了自己和母親長年來的矛盾。這位靜子就是佐野女士的母親。

據說佐野女士有個哥哥，年紀輕輕就病逝了。靜子有一個寶貝女兒，卻整天對喪子一事耿耿於懷。小時候佐野女士想牽母親的手，母親會把她的手拍掉，這件事帶給她很大的傷害。佐野女士從這個故事，帶出了母女之

5 《死ぬ気まんまん》光文社。二〇一三年版。
6 《シズコさん》新潮社。二〇〇八年版。

間的問題。母親凡事仰賴女兒照顧，但母愛始終投注在死去的大哥身上。老實說我看《靜子》那本書非常驚訝，原來一個生死都看得開的人，也會那樣攻擊自己的母親。

後來母親罹患老年癡呆症，進了養護機構後突然轉性，開始對女兒道歉。佐野女士雖然不知道她究竟是為什麼事道歉，但聽了這些話後，她決定原諒自己的母親，也對往事釋懷了。

☼

結果，她的母親活到一百歲才去世。那時候佐野女士也七十多歲了，而且還罹患乳癌，她最後是坐輪椅去參加母親的葬禮。直到自己生病並處於困難的情況時，佐野女士才將大量精力投入到如何解決與母親之間的矛盾。

直到母親罹患老年癡呆症，她才終於放下芥蒂，不久之後她自己也去世了，這種人生未免太可悲了。況且，她根本不知道母親為何道歉，卻認定母親一定是在懺悔，這種不客觀的詮釋也只是一種自我滿足罷了。

這樣的人其實不少，我的患者當中，也有六十歲左右的女兒說自己無法原諒自己高齡九十多歲的母親。她們年紀都不小了，她說不定會比母親更早死，如果一直困在這樣的情感中，就找不到解決的辦法。我會想對她說，放下過去放眼未來吧。當然，這樣的話也必須等到適當的時機才能提起。

❖ 不跟父母同住也是個辦法

成年後還住在家裡，與父母的關係可能會讓人感到很多壓力。作為解決方法，物理上離開父母的家是非常重要的，也就是說逃離自己的老家。

我教過的學生當中，很多人出了社會依然跟父母住在一起。畢竟在外面租房子要花錢，剛開始的確比較辛苦。但我認為，最好還是將離開父母家視為一個基本選擇對自己比較好。如果真的發生了什麼事情，好比生病需要人照顧，到時候再回家也不遲。

否則，你永遠找不到離開父母的時機，無論是物理上還是心理上，都會無法擺脫父母的影響。

☼

有一位家庭心理學家把家庭比喻成壓力鍋。當家庭內部的壓力不斷增大，容易發生爭吵和指責，除非有第三方介入，或是其中一方離開，不然永遠無法解決。

昭和年代的家庭，成員比較多樣化一些。像是寄住的人和住在家裡的幫傭等，家人以外的第三方介入家庭的情況並不罕見。但現代社會多半是核心家庭，因此家庭更容易變成壓力鍋。尤其新冠疫情爆發後，父母和子女幾乎朝夕相伴，壓力可能變得更大。

有些人認為，日本人就應該三代同堂一起生活。但女性在這種家庭結構中承受很大的壓力，甚至影響到心理健康，這也是不爭的事實。

有一陣子政府打算推廣三代同堂，增進親人之間的關係。所以許多人就覺得「家人就應該永遠生活在一起」。

❖ 親子不可能永遠和睦

有些古諺是這樣說「無法給墓碑蓋被子」，或是「子欲養而親不待」。這些諺語反應的是，過去離開家是理所當然的，人們必須物理上離開父母，這樣才會產生這些說法。我認為這些諺語的意思是，既然不再一起生活，「偶爾表現孝心是應該的」。

現代的情況卻顛倒過來，跟父母同居的現象太普遍了，親子之間一直保持著親密關係似乎成為了默認的模式。

奧運選手獲得金牌後，常常會在發表感言時「感謝父母」。日本傳統的謙遜文化，過去人們並不會公開表達對家人的感謝或是愛意。如今卻有一種氛圍，讓人覺得「不特別感謝父母的人是不對的」。

☼

對於想要脫離父母、實現自立的人來說，這種風氣反而帶來不良的影響。真的對父母的言行感到不滿，不想再跟父母同住，這些都是健康的情感，不喜歡父母不該是一種罪過。

尤其一般人到了某個年齡，也不可能凡事聽從父母的意見。既然如此，那就應該離開家中獨立自主。就算無法馬上做到，也該設法減少與父母相處的時間，做一些調整和改變也是有益的。

如果你試圖減少和父母相處的時間，反而被他們責罵，甚至說「如果你不喜歡這個家，就給我離開」。如果你也遇到這種情況，不妨當成一個獨立自主的好機會，自己外出生活吧。

❖ 兄弟姊妹的糾葛都是父母比較出來的

還有一種是兄弟姊妹之間的糾葛，這不僅僅是兄弟姊妹之間的問題。像前面提到佐野洋子的例子，父母特別偏愛某個子女，或者認定某個子女特別優秀。兄弟姊妹就會從這種差別待遇中互相比較。

《舊約聖經》中的亞伯和該隱就是這樣的故事，這一對兄弟間本來也沒有過節。該隱把農作物獻給上帝，亞伯則用肥羊當供品。結果上帝只看中了該隱的奉獻，乍看之下比較粗劣的奉獻，反而得到了上帝的賞識。

對亞伯來說，他可能會覺得：「我這麼努力地貢獻給神，為什麼神只偏愛弟弟呢？」然而，他無法攻擊神，所以哥哥最終殺了弟弟。

☼

這個故事也能套用在親子關係上，很多時候兄弟姊妹之間並非彼此憎恨，都是父母偏心才產生芥蒂的。當然，父母偏心也可能讓兄弟姊妹互相同情。我常看到的情況是，父母年紀大了需要人照顧，但兄弟姊妹互相推託，搞到彼此仇視。像是妹妹盡心照顧父母，做姊姊的完全不管諸如此類的事情。最後，往往會出現這種的情況：「我這麼照顧父母，為什麼遺產不能平等分配？」然後一家人決裂，這種狀況也時有所聞。

從這個角度來看，無論是親子關係或兄弟姊妹，家族似乎就是衝突溫床。或許到了某個年齡，或許不僅僅是父母，跟兄弟姐妹也應該分開生活。某些情況下，逃離兄弟姐妹可能是更好的選擇。

❖ 夫妻共處就一定幸福嗎？

小孩長大離家後，家中只剩下夫妻共處，同樣會出現問題。這種情況多發生在女性身上，在小孩長大離家後，夫妻兩人會開始思考如何度過晚年，雖然有很多想法，但很難得到共識。

例如，妻子想要跟丈夫一起去旅行，丈夫卻完全不感興趣。妻子因此感到壓力。這樣的情況在我的患者中也經常出現。

有些喪偶的人會認為：「有伴侶在身邊就很好了。」確實，喪偶是一件讓人感到寂寞又無助的事。但如果跟丈夫的意見總是不合，大概也很難單純的覺得「有伴侶在就好」吧。

也有很多女性是因為丈夫去世的比較早，從而過上了自由的人生。跟上述的情況相反，那些與丈夫意見不合的女性，會羨慕那些能自由生活的獨居女性。

☼

精神科的患者常常告訴我，他們很多事不敢對自己的伴侶或家人說。這代表什麼？代表家人之間並非無話不談。有時候另一半根本不知道你的煩惱，但這種狀況在夫妻之間並不罕見就是了。

講究利益關係的夫妻，反而沒有這些困擾。例如，有的男性娶美女來提升自己的評價，女方也希望嫁給有錢人。這種把婚姻視為商業關係的作法，或許能省下不少麻煩也說不定吧。

女性主義者小倉千加子在《結婚的條件》[7]一書中，提到婚姻是金錢和美色的等價交換。這句話確實是名言，女性選擇有錢的男人，男性選擇容貌美麗的女人，婚姻就是這種交換，她在書中寫出了這個血淋淋的現實。

但這種婚姻之所以能夠順利進行，是因為雙方的利益關係明確。實際上，婚姻多多少少在某種程度上都有一定的利益關係。

7 《結婚の条件》，朝日新聞社。二〇〇三年出版。

❖ 夫妻一心同體純粹是幻想

結婚之前，每個人都有各自的工作和家庭。想當然，彼此的喜好和感興趣的東西都不一樣。夫妻一心同體，連喜歡的東西都一模一樣的話，這才比較可怕吧。

因此，夫妻之間保持適當的距離，互相尊重彼此的喜好，這也是一種不錯的生活方式。

不過，這又牽涉到婚外情的問題。有些夫妻可以接受另一半有其他對象。反之，也有夫妻無法容忍婚外情，於是他們可能會達成共識，允許彼此在愛好等方面自由行動。

這些界限和規則需要夫妻之間充分的討論並達成共識。例如，或許可以接受和異性一起吃飯，但不能發展成戀愛關係。相對地，也有可能夫妻達成共識，不論發生什麼事情都不離婚，但在子女結婚等重要場合，作為夫妻單位一起行動。這些事情都需要夫妻雙方清楚地討論並達成一致。

☼

有一個專業術語叫「預立醫療自主計畫」（Advance Care Planning），在日本稱為人生諮詢，也就是事先決定好要怎麼迎接死亡。比方說有人罹患重病，遲遲沒有好轉，需要提前決定要不要急救，或是選擇不進行延命。這是一個非常嚴肅的問題，需要夫妻或家庭成員之間好好討論。

生死大事都能事先談好，那麼小孩長大獨立以後，夫婦之間也可以討論將來要如何度過老年生活，或是一起共處的時間長短，以及各自如何度過每一天。

有些人願意參加人生諮詢，提前討論自己的後事。但似乎很多夫妻卻沒有討論過彼此的未來關係。如果兩人都還健康的話，我認為應該先討論這些問題，大家是怎麼看待這些事的呢？

❖ 看護交給專業人士來處理

另外還有一件事必須事先談好，就是父母的看護問題。一般來說，除非父母真的需要有人照顧，否則大多數人不會刻意去學看護知識。很多患者也來找我商量這些問題，有的人煩惱該不該讓父母進安養院，也有人很後悔把父母送去安養院。

像是前面提到的佐野洋子一樣，她是否能順利地照顧對自己冷漠的母親也是一個問題。佐野女士把母親的道歉，當成是在對她懺悔，用正面的看法讓自己釋懷。但有些人在同樣的處境下，依舊無法原諒自己的父母。畢竟，要平心靜氣照顧長久以來控管自己的人，這可能會讓人無法接受吧。

還有一種情況是，父母罹患失智症以後，言行變得很荒謬，子女實在沒有辦法接受。他們無法冷靜看待父母的疾病，每次看到父母發病就會動怒。當孩子照顧父母時，肯定會牽涉到過往的家族歷史，這些情況也許是無可避免的。

☼

與其這樣，不如交給外人來照顧。專業的看護有正確照護老年人的方法，反而因為對方是陌生人，才更能在尊重照護者的同時進行照護。我認為，在這樣的情況下，照顧起來反而更順利。

我的診所附近有一家特殊看護機構，每個禮拜都有不同的醫生去替老人看病，我也是其中之一。

我個人的感覺是，很多老人住進看護機構後反而更有精神。尤其鄉下地方大家互相認識，家人也會事先來打個招呼，請我們多多關照。醫生也會答應他們，下次去看診的時候特別留意他們家老人的狀況。

實際去探望那些老人，大部分的人精神都不錯，這讓我感到驚訝。有些家人擔心老人住不習慣，沒法跟大家相處，但這種情況很少發生。絕大多數的老人都過得很開心，每次看到那樣的情景，我也覺得專業的照顧人員真的是很了不起。

看護機構內的老人生病了，工作人員會帶來給我們看病。這時，我會和工作人員交流，這些工作人員也常在照顧自己父母方面經歷困難。能夠照顧好別人家的父母是出於工作上的責任感，而照顧自己的父母時，卻做得不那麼順利。

雖然在工作中，他們盡心盡力提供高齡者照護，但自己的父母，還是讓其他人來照顧，這樣可能會更好。將照護交給專業人員，這也可以當作是從照護壓力中逃跑的一種良方。

❖ 手機令人無所遁形

現在幾乎人手一支手機，而在沒有手機的年代，家人之間是共享通信工具的。

或許這是舊時代的遺留物，有一陣子很流行共用信箱。WIN95剛出的時候（一九九五年），有些夫妻是用同一個電子信箱。曾經有一次，我因為工作的事情發送了電子郵件，然後回信的開頭寫著「是妻子……」這位妻子知道丈夫的密碼。電腦放在客廳，密碼也可能是夫妻共用的。當時這樣的情況沒什麼問題。

但共用的時代早已過去，現在人人都有電腦和手機，每個人都有自己的隱私。家人之間也無法互相介入，這在某種程度上是無可避免的現實。

☼

是否可以查看配偶的手機，不論是妻子看丈夫的手機，還是丈夫看妻子的手機，這樣的問題曾經引起過討論。現在，這樣的行為已經被認為是不應該做的事。

當然，可能有人還是會偷偷查看伴侶的手機，可能是擔心是否有外遇，或者擔心孩子在做什麼，但公開地查看對方的手機是不被允許的。如今，無論是戀人或夫妻，不查看對方的智能手機已經是基本禮儀。

❖ 日本是缺乏個人自由的國家

現在的時代，無論是家族還是夫妻，大家都知道每個人有不同的生活方式。更確切地說，現實中大家都是如此生活。

然而，我覺得日本人還是沒有完全認同一個人作為個體生活的方式。最具象徵性的例子是秋篠宮真子公主結婚的事件。她選擇作為一個個人，與小室圭結婚並決定在美國生活，但卻遭到了日本國民的強烈反對。反對的民眾中，許多人以小室先生有問題為藉口，但真實的原因是，無法接受皇室這種傳統家族中的女性做出自由的選擇。也有一些人以真子公主結婚前一直依靠納稅人的稅金生活為理由，但總的來說，很多人無法容忍她自由地活出自己。這背後的原因是，因為他們自己無法自由地生活。

☼

儘管戰後幾十年來一直強調個人自立，但其實我們還沒有真正實現自立。而且現在是網絡社會，這讓自己思考變得越來越困難。在你還沒來得及思考之前，別人就已經替你想好了。像是「我該怎麼看待這個問題？父母和學校老師都說的是一樣的，但我卻不同意」這樣的情況，自己思考並做出決定的機會越來越少。更確切地說，現在的環境讓自己做決定變得更加困難。

現在只要看看社交網絡，某些觀點可能會收到上萬個「讚」，每一個意見都變得可視化。在這樣的環境中，我們會被更多「讚」的意見所影響，難以堅持自己的觀點。因此，說出自己的想法和意見，會變得越來越不容易。

❖ 失去批判能力的年輕人

學生即使在研討會上討論，也不會批評他人的意見。在我指導的研討會中，大家很擅長稱讚發表意見的人，但卻無法說出「我有不同的看法」。因此，我曾經用遊戲的方式讓他們練習批評，我會說：「接下來我會用三分鐘說出我的意見，然後你們來批評我。」藉此訓練學生的批判能力。因為是遊戲，所以不管他們說什麼我都不會介意，也不會因此影響成績。這樣的練習，從說出「這點不對」開始。

結果一開始學生們都會反應說：「真的可以說嗎？」即便如此，他們還是小心翼翼地提出批評性意見，有時也會因此讓討論更深入，但大多數情況下，討論的結果只是「果然我們的想法不同」就結束了。

簡而言之，學生們並不習慣表達批判性意見。我發現學生們根本沒有個人思考的能力，這讓我感到非常驚訝。既然如此，他們會認為父母所說的一切都是正確的也不奇怪。我曾經想過，有一天他們可能會突然意識到，

「我從來沒有做過任何由自己決定的事情，我或許被父母控制了？」然後開始對父母產生敵意。近年來人們怪罪父母教育不當，或許也跟這樣的背景有關。

即便是同學之間，也無法說出「我和你的意見不同」。並不是要他們破口大罵批評別人，我不理解為什麼他們無法做到這一點。在需要討論的場合，他們也對自己的意見缺乏自信，會擔心「這樣說真的可以嗎？」於是最終只能說出「我覺得這樣不錯」的回答。

❖ 遵從別人的意見比較沒壓力

之前有談到獨立自主的問題。所謂的獨立自主，並不是你有足夠的經濟能力，也不是你敢獨自闖天涯的意思。

我想說的是精神上的自主，也就是自己思考，自己做決定，現在的年輕人完全不具備這兩種能力。雖然年輕人投票率低被人詬病，但也有些人說因為不知道該投給誰，所以不去投票。

願意去投票的人，也是出於人情壓力去的。例如他們所屬的組織或團體，要求他們把票投給特定的候選人，他們便依照指示投票。

我認為，即使投給不同的人也不會被發現，所以應該根據自己的意願自由投票。即便如此，仍然有許多人聽從別人的意見，表示他們根本沒有獨立自主的能力。或許他們認為，遵從別人的意見比較沒壓力吧。

❖ 大家都在讀的一定是好書？

最近我去了一家專門賣暢銷書的書店，那是一家位於車站內的小書店，裡面只賣暢銷書。我無法理解那些因為暢銷所以買書的人的心態，就因為這些書是暢銷書大家都在讀，所以自己也買來讀。

我問過學生這個問題，他們反而不能理解我的想法。學生們說，「暢銷書很吸引人，所以會想找來讀讀看」或是「如果自己讀的書成為暢銷書，會很開心。」

我以前念書的時候，大家習慣看一些冷門的書，發掘默默無名的作家，認為那才是有品味的事情。現在的年輕人已經不這樣想了，反而覺得我那時的觀念已經顯得過時了。

有些書雖然不是暢銷書，但內容相當不錯。可惜對現代人來說，不暢銷的書稱不上好書。大家認為一定是內容不好才賣不出去。沒人相信冷門的書會有好內容。

☼

反正現代人不管看什麼，都認為熱門的東西比較好，就連上網看YouTube，也覺得訂閱人數多的頻道比較有趣。或許他們認為，看大家都在看的東西就不會錯過有趣的話題吧。這不僅是單純的銷售至上的主義，我覺得甚至還妨礙了人們獨立自主的機會。

你必須有明確的自我，才有辦法獨立自主。但現在這個時代盲目從眾，我們在很多方面都失去了個人自主的機會。這也使得父母與子女之間的矛盾長期存在，夫妻之間相互牽制，每個人都無法真正作為獨立的個體生活。由於無法獨立自主，產生了各種扭曲的現象。

有時候，
逃跑也沒關係

第四章

逃離性向、美醜

❖「女醫生」本身就是歧視用語

在這一章中，我想探討由性別（社會和文化上所構建的性別）所帶來的性別歧視、外貌主義，以及與朋友或戀人之間複雜的人際關係，並思考如何逃離友情和愛情的枷鎖。

在醫療領域中，一直以來都有歧視女性的現象，我在第二章也提過，醫學系不太願意招收女學生，而這種性別差異也體現在「女醫生」這個稱呼中。女性醫生通常被稱為「女醫生」，如果外貌出眾的話，則會被稱為「美女醫生」，有時候也會聽到「明明只是個女醫生～～」這種帶有歧視性的發言。因為經歷過這些，所以我們這個世代的人，聽到別人稱呼我們女醫生，都會請對方改變稱呼方式。

經過這些年，女性醫師逐漸被認可。但近年來，卻有些女性醫師開始接受「女醫生」這個稱呼，還拿來作為自我宣傳。像是美女醫生就有機會成為電視節目的評論員。

☼

現在這個時代，非常講究性別議題的政治正確。因此「女醫生」這個稱呼的使用情況可能有所不同，但事實上，有些女性醫師已經將自己的性別作為身份的一部分而且取得了成功。這些人不再因為是女性而受到歧視或偏見，因此反而將自己的性別當作一個賣點來利用，這似乎是時代的輪迴。

然而，如果不理解這些稱謂的歷史背景，就有可能再次帶著歧視使用「女醫生」這個詞。現在那些以女性身分為賣點的醫生，若不理解女醫生曾被歧視的事實，或許就像是在說「即使回到那個時代，我也能接受」。

儘管現在的時代看似性別平等正在逐步實現，但如果掉以輕心，仍有可能陷入舊時代的困境中，我希望大家能夠保持警覺。

❖醫生和護理師現在是對等的關係

在醫療現場，護理師也有因為女性身份而受到歧視的歷史。事實上，護理師是二〇〇二年以後才有的稱謂，在這之前都是稱為「護士小姐」。護理師因為性別受到歧視，也得不到醫生的敬重。

如今這種情況已經有了很大的改善，但這是因為護理師們自身的努力。護理師們主張護理工作與醫療是不同的角色，他們不再只是聽從醫生的指示來協助，而是自己制定護理計劃，與病人直接面對面交流。正是這樣的努力，使得如今護理工作被認為是與醫療並重的重要領域。

為了實現這個願景，日本護理協會戮力提升護理師的地位，好比派人參選國會議員。正因為這些努力，現在「團隊醫療」已經是理所當然的概念了，醫療和護理也不再有高下之分，而是相互協作幫助病人。

☼

即便如此，仍然有一些舊時代的醫生會說「護理師只要聽醫生的話就好」。

和前面提到的女醫生一樣，護理師每次被叫作「護士小姐」時，都會不斷糾正說：「請不要叫我護士，請叫我護理師」。

隨著歷史的變遷，現在也有越來越多年輕的護理師不知道這段歷史，大家若是輕忽這個問題，性別歧視的歷史很有可能重演。希望醫生和其他醫療從業人員，乃至患者都能更加有意識地對待這個問題。

❖ 迪士尼講究性別和人種的政治正確

我覺得現在的年輕人對女權和種族議題，似乎不像我們這一代那麼在意。

迪士尼就是一個非常注重政治正確的企業，現在的迪士尼電影中，原住民和黑人角色也成為了公主。這些公主不再像以前的迪士尼電影那樣等待王子拯救，而是擁有戰鬥的力量，甚至可以與邪惡作戰。

但這些改變似乎讓年輕人難以理解。曾經有學生跟我說，如果公主是等待王子來拯救的美麗白人女孩，這樣的設定對他們來說完全沒問題。

過去女性飽受歧視，非白人如亞洲人和黑人也遭受過不公平的待遇。現在好不容易跨越那段歷史，各種族群獲得平等對待，但學生們並不知曉這段歷史。甚至可以說，他們並不想去了解。

現今迪士尼電影中的多元性別和種族平等，實際上是歷史上多次奮鬥後的成果。學生們享受著前人努力的成果，卻說「我們沒有歧視任何人」。

看到以前電影裡出現的白人美麗公主，他們感到浪漫，並認為「這樣的設定完全沒問題」。

當我提出這樣的觀點時，學生們會說「政治正確真是讓人討厭」，這樣的反應不是好事。

☼

選美比賽也是如此。大多數學生並不反對選美比賽。雖然有少數學生會說「選美比賽是外貌主義，僅以外表來決定排名很奇怪」，但大多數學生都說「一直非常期待學園祭的選美比賽，取消選美比賽根本莫名其妙。」

我認為，學生們之所以這樣說，可能是因為時代已經發生變化，這與女性醫師的歧視問題類似。女性歧視和外貌主義都經過上一代的抗爭，終於有了些許改變，但學生們並不知道為什麼會進入這樣的時代，不了解平等是怎麼來的。

❖ 崇尚外貌無可厚非？

現在的學生會有這種觀念，或許是因為沒有經歷過我們那一代所遭遇的種種困難，除了前面提到的醫大招生有性別歧視問題外，大學入學考試中應該沒有性別歧視，現在在職場中也不允許存在薪資等方面的歧視。

不過，女生學生在求職時似乎還是會感受到一些違和感。之前和學生討論時，有一位女生學生曾經說過，「在求職的最終面試中，留下來的都是那些長得漂亮的女生」。我說這是「外貌歧視」，而這位女生學生的回答卻是：「外貌主義確實存在，但那也是沒辦法的事。」

於是我反駁那位學生，面容和外貌大多是天生的，長得好看的人吃香，而那些長得不怎麼樣的女孩，儘管實力強，卻可能因為外貌而在面試中被淘汰，這不是很不公平嗎？對此，她回答說，對公司來說，如果有外表吸引人的員工，業務推廣會更順利，因此公司當然會想要這樣的人才。

學生竟然站在資方的角度來看這件事，照理說學生是勞方，難道不應該反對「用外貌來選擇」的情況嗎？沒想到學生聽了我的說法，似乎還是無法理解，她回答說，如果她是經營者，她也會這麼做。

此外她還說，美麗或帥氣的人也在努力。雖然可能有一些天生的因素，但很多人會為了讓自己看起來更可愛或更帥氣，付出相應的努力。

我再次提出反對意見，外貌有九成是天生的，帥哥美女只是剛好利用了天生的優勢。學生卻回答，像ＡＫＢ48那些偶像也很努力。正因為那些偶像也在努力，所以他們受到歡迎是理所當然的。

那一次對話帶給我的感想是，現在年輕人面對性別歧視或外貌歧視，根本不覺得那有什麼問題。所以，他們也不會產生擺脫這些問題的想法。

❖ 戴口罩有助緩和社交恐懼

新冠疫情爆發後，戴口罩的生活持續了三年多。所有人都戴上口罩，可能在某種程度上暫時使外貌歧視的問題變得不那麼明顯。

日本人從以前就有一種特別奇怪的心理狀態，就是太過在意別人的看法，這屬於社交恐懼的一種。對自己的外貌沒信心的人，會產生一些莫名其妙的顧慮，深怕自己的外貌令人不快。據說這也是日本人有社交恐懼的背景因素。

現在人人都戴上口罩後，就不會被別人看見臉部了，而且也不會因為不露臉而被批評，終於可以擺脫社交恐懼了。很多人認為戴上口罩生活反而輕鬆，這也確實有道理。

不想被看見，也不想展示自己的臉。即使和熟人擦肩而過，疫情前可能會知道「那是某某在走路」，但戴上口罩後卻變得難以辨認。對於一些人來說，這種情況反而感覺非常舒適。

另一方面，也有像YouTuber那樣希望顯示自己的面容並引起注意的人，但整體來說，我認為不想引人注目的人更多。

☼

二〇二三年三月十三日起，政府也不硬性規定配戴口罩了，但我認為仍然會有一定數量的人繼續保持戴口罩的習慣。

我個人認為，如果戴口罩能讓人感到放鬆，能更加自在外出，出門時不再感到緊張，那麼我希望大家能夠多加利用口罩。在這種情況下，口罩就成為了一種逃離社交恐懼的工具。

遺憾的是，就像在疫情期間曾經有過「口罩警察」，現在可能會出現「口罩摘除警察」，他們可能會攻擊那些仍然戴著口罩的人，質疑他們「為什麼還戴著口罩」。但如果你覺得戴口罩更舒服，我認為可以繼續保持口罩生活。如果有人提出異議，可以回答說：「不是只有新冠病毒才是傳染病哦。」

❖ 以戰略手法影響輿論的性少數族群

現在學生唯一關心的議題，就是性少數族群（ＬＧＢＴＱ）的議題，他們對此有很高的關注度。學生們之所以如此關心，可能是那些為ＬＧＢＴＱ權益發聲的人們，透過策略性地行動，將他們的主張傳遞給社會的結果。像是進行了對政治家的遊說，並促使成立了ＬＧＢＴＱ議員聯盟。

同時，性少數族群也想方設法影響媒體，努力讓電視劇和漫畫等作品將ＬＧＢＴＱ作為主題，並且積極地進行各種行動。在某種程度上，ＬＧＢＴＱ議題的推動可以說是在行銷上做得很成功的例子。

學生看了相關的電視劇和漫畫，對性少數族群並不排斥。因此，部分藝人或歌手出櫃遭到抨擊時，他們會聲援受到批評的人。學生們經常說，社會應該改變，不應該歧視ＬＧＢＴＱ群體，性別多樣性的族群也享有同等的權利，我覺得這些觀點是值得讚賞的。

☼

遺憾的是，前面提到的女性歧視問題，當事人自己卻毫無敏感度。女性也是少數群體，但LGBTQ群體的人數顯然更少。這些人群的權利得到他們的高度理解，但他們卻接受自己作為女性，或者僅僅因為外貌而決定自己價值的現實。

另外，對於因為貧富差距而決定人生的現象，他們也缺乏敏感度。確實，能上大學的學生大多來自不那麼貧困的家庭，因此他們很難察覺到這個問題吧，但他們對擁有大量金錢的人群並不提出質疑。我並不是說要仇富，但財富的多寡不該決定我們人生的高低，學生辛苦償還助學貸款的現象，也該有更多人關心才是。

❖ 沒朋友很可憐？

有些人對於沒有朋友感到不安，也有很多人想逃避「必須交朋友」的壓力。其實，朋友的定義是非常模糊的。在學生中，也有一些人因為沒有朋友而感到煩擾。但是，這些學生通常會和某些人一起散步、在學校餐廳一起用餐。我問他們：「那個人不是朋友嗎？」他們會回答「不是。」如果那樣都不算朋友，那麼，朋友到底是什麼呢？

經常有人說希望有「能夠什麼都聊的朋友」，但這是指全方位了解對方，包括人品和出身背景都合得來的人嗎？要找到這樣的朋友，幾乎是不可能的事情。

有的學生一個人擁有很多社群平台的帳號，我問他們「為什麼要有那麼多帳號？」他們說有的是為了各種興趣開設的帳號，有的是打工夥伴之間交流用的帳號。我問他們「不會搞混嗎？」他們回答說：「我們都很小心管理的。」

☼

從我的角度來看，每個人都是朋友，如果那位學生的興趣是鐵道，那麼他在打工場所的朋友就不會知道他對鐵道的熱愛。彼此之間有不為對方所知的面向，而他們也只在某一方面建立了關係，這種情況似乎就是現在年輕人對朋友的看法。儘管如此，他們仍然認為，能在各個方面都能合得來、能談論所有事情的人才是「真正的朋友」。但這只是一種幻想，尤其是現在，想要有這樣的朋友似乎是不可能的。

如果不先從「一定會有一個能接受自己所有面向的朋友」的幻想中逃脫出來，可能就會在「這個人不是朋友」、「這個人也不對」的心態中轉換，繼續不斷尋找但始終都不會找到合意的朋友的。

❖ 你們是不是在互相傷害？

談戀愛也是一樣，有些女性想要找一個完全理解自己的男朋友，但這也是不切實際的幻想。那種完美情人只會出現在電視劇或動畫裡，現實生活中這樣的人幾乎不存在。

我並不是說沒有能包容所有的男性，但這類男性通常是透過拯救他人來拯救自己的人。在這種情況下，他們是透過幫助女性來成就自己的男性尊嚴。喜歡這種男人的女性，在精神上可能存在問題，至於那些想要拯救別人的男性，在某種程度上也是有問題的。

☼

有一種精神疾病叫邊緣性人格障礙，這些人總是處於一種不穩定的狀態，往往處於不得不依賴他人的境地。

當「希望有人支持我」的女性與「以支持她為喜悅」的男性成功結合

時，從某種意義上來說，他們會成為一對不錯的情侶。也就是說，他們能創造出只屬於兩個人的世界。然而，這種關係早晚會出問題的，彼此之間可能會激烈地傷害對方，甚至危及彼此的性命，這是非常危險的事情。

真正獨立自主的人，不會要求朋友或戀人百分之百了解自己。

但人類或許就是會追求這樣的對象。所以，西方才會發展出基督教這種信仰全知全能上帝的一神教吧。

❖ 乾脆養寵物或機器人

如果真的很想有人聽自己說話，或許動物會是更好的選擇。我通常都會建議有這種困擾的人養寵物。不管你說什麼，狗狗或貓咪都會默默聆聽，很多患者養了寵物以後，也確實感到滿足。這是因為寵物能不自覺地承載並反映出主人投射的情感。

寵物也常常成為家人之間的潤滑劑。很多人是家中養了寵物以後，夫妻關係才慢慢改善。像是「啊，這隻貓在喵喵叫」之類的小事，能讓夫妻之間產生對話，意外地成為夫妻間的緩衝角色。

養狗或貓需要花很多心力照顧，而且他們的壽命大概十到二十年。有些人失去心愛的寵物後可能會無法從失落中恢復，不過，要是居家環境適合養寵物的話，還是非常建議嘗試看看。

如果養狗或貓比較困難，金魚或是飼養錦鯉也是不錯的選擇，照顧植物也是不錯的一種選項。有的人也常在花草樹木中尋求慰藉，因為花草樹木是很棒的傾聽者，不會抱怨，總是默默聆聽，如果跟它們說話能讓自己感覺輕鬆，那麼這樣就足夠了。

☼

我看診的地方，甚至還有人養小馬。第一次看到小馬時，我嚇了一跳，於是問當地居民：「為什麼會有小馬？」他們說：「嗯，算是寵物吧。」這一帶以前有養農耕馬的習慣，所以有不少人養馬或小馬。馬兒也是很棒的傾聽者，雖然偶爾會踢主人，但還是很可愛的，飼養的居民也說養馬很有療癒效果。

也有些人養山羊。狗和貓已經變得太像人類了，但馬和山羊則與人類有很大的不同，或許因此會讓人覺得，牠們似乎能看透自己的內心。

當然，在都市中養馬或山羊是很難的，我也不推薦這樣做。如果無法飼養活生生的動物，擁有一個喜歡的絨毛玩具也是不錯的選擇。如果有心愛的絨毛玩具，對它說話也是很好的。

現在也有寵物機器人。日本的海豹型機器人「帕羅」未來將搭上

NASA的火星探測器，陪伴人類航向宇宙。雖然不知道從地球航行到火星會花多少年，但在孤獨的太空旅行中，或許那位宇航員會對寵物機器人說話吧。

第五章

逃離網路的束縛

❖難以擺脫社群平台的時代

前面也有稍微提到社群平台的問題，但歸根究柢，我們真有辦法擺脫社群平台嗎？接下來，我想探討一下關於社群平台等網路社會的問題，以及思考如何從中逃脫。

在我的患者中，有不少人因為在網路上與他人的互動而受到傷害。冷靜下來客觀思考就會明白，校園或職場上的霸凌或威脅，和在網路上被誹謗，明顯是兩個不同層次的問題。

對於那些在成年後才接觸到網路的世代來說，如果網路上有批評的聲浪，大不了不看就是了。這就是所謂的眼不見心不煩，況且就算有人說壞話，那些網友也跟自己的生活扯不上關係。現代人都把網友視為真實的威脅，但對舊世代的人來說，不認識的陌生人就跟不存在一樣。

對從小就接觸網路的世代來說，透過手機的傳訊和網路的評語，這些對他們來說是很真實的東西。我對因社交媒體而感到煩惱的患者提供建議時，一開始也建議他們不要上網，畢竟網路評語又不是傳統郵件，不會真的寄到你家，不看就好了。

但是對實際受害的人來說，這種想法恰恰相反。他們覺得，傳統郵件如果不去開信箱就不會看到，但智能手機就在手邊，惡意言論似乎會直接傳遞到手中一樣。的確，對於當事人來說，這種感覺是直接感受的。更糟糕的是，你不知道批評你的人是誰，也更令人不安。

❖ 網路評語人人在意

我也曾在社交媒體的評論中遭遇過誹謗中傷，但因為那些都是我不認識的人，所以我只是覺得「又有人在說奇怪的話」，並沒有太在意。然而，有時候確實有些人會把我做過的事情寫出來發到網路上。最讓我害怕的是，有一次我在電車上用筆電寫稿，結果被人發到了網上。上面寫著「那個人坐在電車裡不停敲打鍵盤，真是令人煩不勝煩」。我平常也有上一些媒體，投稿的人不見得認識我，但讀了那條評論後，我不禁開始懷疑，「車廂裡有這樣看著我的人嗎？」

由於我自己也有過類似的經歷，所以我再也無法再對患者說「如果不上網看，留言就不存在」這種話，我自己也知道誹謗中傷的留言會在心理上產生某種程度的影響，網路評論帶來的困擾與在職場或家庭中發生的問題本質上是不同的。

❖ 老一輩的人更容易沉迷網路

相對地，也有一些年輕人在網路上如魚得水。學生知道社群平台有其負面的一面，因此他們會將帳戶設置為私密，只與認識的人互動。

但也有學生跑來找我，說他們的父母碰到了網路上的麻煩，或是太沉迷網路，希望我幫忙想想辦法。

☼

例如，某位全職家庭主婦母親在社交媒體上留言說自己很了解無農藥食品，沒想到引起網友熱烈回響，大家希望她能提供更多資訊或是介紹更多這類食品。這位母親以為自己開闢出了另一個新天地，整天都在忙著回覆網友。

孩子擔心母親，勸母親不要太過沉迷，畢竟網路上的訊息根本回覆不完。但母親卻說：「這麼多人需要我，我必須好好回應，」於是越來越沉迷其中。

五十歲以上的世代，不僅有因為社交媒體而受傷的人，也還有很多像這樣過度沉迷其中的人。

☼

更高年齡的世代，有很多人會看YouTube上政治立場偏頗的節目，並且相信那些內容是真的。這種情況雖然已經有所減少，但在我的患者中還是有這樣的人。我告訴他們不要太相信網路影片，他們會回答「可是醫生，電視上有播過啊。」我再問他們是哪一個電視台播放的，他們仔細想了一下，才說那是YouTube的內容。

現在有些電視也可以播放YouTube影片，這讓一些人誤以為那是正常的電視節目。當他們把自己堅信的內容告訴別人，結果引發了爭執，這對老年人來說也是一種困擾。

❖ 憤怒的評語不要立刻上傳

至於社交媒體上的誹謗中傷，二〇二〇年女子職業摔角選手木村花自殺的事件就是一個例子。美國似乎也發生過類似的事件，我曾經讓學生觀看一段TED的影片，那位演講者的朋友，因為網路留言自殺了。

發表這個演講的人表示，為了避免類似事件再次發生，應該要設計一個系統，無論寫了什麼，即使按下了發送鍵，系統也要等待六秒鐘才能發送訊息。

有一種叫做「憤怒管理」的思考方法，其中的一個方法是，當我們感到憤怒時，要先等六秒。人在生氣時會分泌大量的腎上腺素，進而產生亢奮的情緒。剛開始的六秒最為猛烈，六秒過後就會慢慢平靜下來了。

因此，如果在憤怒的情緒下寫下訊息，只要有一個緩衝時間就能取消發送。雖然不確定六秒鐘的時間是否足夠，但在發送之前再讀一遍自己寫的東西，想清楚再傳送，這點格外重要。

☼

有些患者擔心，自己留下的評語會傷害到其他網友。我會問他們，發文之前有沒有好好檢查一下自己寫的內容？他們告訴我，有時候被網友激怒，會一時衝動寫下難聽的話或者衝動地反應，等事後冷靜下來才覺得「糟了！」

那麼，發文前更應該審慎思考。每個人都會有因為一時情緒寫下的話，這不是真心想表達的內容，相信大家也有類似的經驗。情緒激動的時候，先離開網路一段時間，等重拾客觀冷靜的態度再重新使用網路吧。

看別人發表評論也是如此。比方說，你看到有人叫你「去死」，可以先想想寫這些話的人是否真心這樣想。冷靜下來你就會發現，對方也只是在說氣話罷了。這樣一來，你會知道網友的批評並不一定是對方真正的想法。這樣思考的話，就能更客觀地看待網路上的留言了。

❖ 刪除帳號仍然牽腸掛肚

如果無法客觀看待網路留言，又壓抑不住想看的衝動，那乾脆徹底斷絕社群平台吧。跟網路保持距離也是一種逃跑的方法。有時候這樣做，對保護自己來說是必要的。

但即使刪除了帳號，還是可能會擔心「我把帳號刪了大家會怎麼想？」於是又去創建新的帳號，偷偷上網觀察朋友的發言。

一旦開始擔心別人對自己刪除帳號的看法，這種焦慮就會沒完沒了。既然刪除了，就只需想著「我已經不在這裡了。」當然，問題出在那些誹謗中傷的人身上，但你不需要正面迎擊，保持「避開」的態度也很重要。

每個人都可能因為一點小事憤怒，發洩情緒罵人，或者在自己心情不好時，把氣出在別人身上等等。如果你知道人性就是這樣，那麼被人惡言相向時，原本的滿漲的衝擊感會從十降低成七，情緒也會有所減輕。

有了知識，對事物的理解會完全不同。比方說，當你遇到邪教或詐欺，知道他們是為了錢而來，那就可以避免受騙。一定要保持冷靜，時刻退一步思考。

❖ 用一句運氣不好帶過

不論你遇到的是網路上的煩惱，還是現實生活中的人際問題，我都要告訴你，整天思考「為什麼會變成這樣呢？」是沒有意義的。因為你不可能知道真相，花心力去思考對方為何惡言相向，也得不到正確答案。有些人認為，一定是自己說了某些話得罪對方，但那也是推測罷了。

☼

我的一位病人曾經和興趣相同的朋友們一起建立網路社群，起初都還算愉快，後來有一天，其中一個朋友對她變得冷淡了。

那位患者性格嚴謹，所以她一直在想「我做錯了什麼嗎？」她努力回想自己之前的發言，找出可能得罪對方的癥結，為此感到困惑並向我求助。但我只能說，這可能是原因，也可能不是。

患者本人覺得自己找到了一個合理的解釋，但也許她根本猜錯了。說不定那位好友只是剛好心情不好，才冷淡以對。真相如何可能永遠不會知道，深入挖掘人際關係不順的原因，其實沒有太大意義。

所以我要告訴各位一句有用的咒語。像這一類的問題，告訴自己「那只是湊巧發生的」。你碰上的壞事，都只是偶然發生的，只是運氣不好罷了。當你有類似的煩惱時，就念一念這句咒語吧。

❖ 線上診斷精神疾病的難處

社群平台和電子郵件，基本上是文字的交流。因為看不到對方的表情，很容易產生誤會。

舉個例子，用視訊電話或線上會議，可以看到對方的表情。如果對方一臉無趣，你就知道該換個話題了。或者根據對方的語氣來調整溝通方式。

光靠文字訊息溝通，很難判斷對方的感情，對方是喜歡你、討厭你，還是根本對話題不感興趣？網路剛開始普及的年代，社會學也有提到只有文字溝通難免會產生誤會。

☼

新冠疫情爆發前，精神科醫師之間已經開始討論網路諮詢的可能性。後來疫情爆發，患者不方便來醫院，就有醫生開始進行線上診療。政府也鼓勵網路診斷，因此新冠疫情實際上是加速了這項進程。然而，精神科的線上診療其實是很困難的。在某些情況下，精神科也會通過ＬＩＮＥ等方式詢問病人的症狀並開藥，但這並不是理想的問診方式。

例如，有患者說他想死，倘若今天是面對面交談，醫生可以聽出那是一句玩笑話，還是真的死意堅決。但光看ＬＩＮＥ上面的文字，無法判斷患者真正的心思。

事實上，精神科的診察從患者走進診療室的那一刻就開始了。我們會觀察患者身上的氣息、姿勢、表情、語氣，所有的細節都是訊息。透過綜合判斷這些訊息，可以幫助醫生理解患者的訴求，做出確切的診斷。只有文字作為線索時，所能獲得的訊息大約只有面對面時的百分之一。僅憑這些來進行診斷，實際上是幾乎不可能的。

❖ 連看文字訊息都要懂得察言觀色？

新冠疫情爆發後，很多企業改用居家工作的上班方式。所以，有越來越多人依靠電子郵件來處理所有的溝通事務。

居家工作的好處是，「不必去公司」或「不必和上司面對面」，可是，光靠文字訊息溝通，有很多問題無法妥善處理。

去公司上班，如果面對面與同事交流，可能只需要說「這份文件這裡有錯誤」或「抱歉，我錯了」就能解決問題。但如果是用電子郵件就很麻煩了，得先寫一段招呼用語，然後用很嚴謹的詞藻交代公事。對方回覆你的訊息，也得比照辦理，這樣的交流方式會讓人感到非常疲憊，也可能導致人際關係變得尷尬。如果只是要聯絡一些簡單的事情，好比相約幾點碰面，用文字訊息是比較方便。但在處理情感交流時，似乎並不太合適。

我認為在網路溝通上的一個問題，就是網路上的文字並非手書，而是報章雜誌一樣的方正字體。舉個例子，有人寫了一張便條給你，上面寫著「我討厭你」，假如字體看上去圓滾滾的，你可能會以為這人是不是在開玩笑？但如果有人在網路上，用方正字體打出「你這人毫無價值」，你很難判斷對方的真意。

尤其用了方正字體書寫後，即使文章中有不合理的地方，我們也會認為它是正確的。在日語中，一個小小的助詞就能改變句子的意思，因此當遇到意思不清楚的句子時，即使發送訊息的人可能只是打錯了字，也會讓人不自覺地進行過度解讀。

還有一種情況是，寫文章的人本身表達能力不夠。但用了方正的字體後，你會以為是自己理解力不足。如果是手寫的拙劣文章，可能會覺得這個人只是表達不清楚而已。

☼

最近大家都在討論ChatGPT，這是一種對話型的AI服務，提出一個簡短的問題，ＡＩ會用一長串文章回答你。據說在海外有學生利用ＡＩ做報告，引發了不小的問題。現在這種服務也有日語版，日本可能也會出現類似的問題。

依我來看，這只是用長篇文章來回答問題，看起來很有說服力。未來網路上會有越來越多用ＡＩ寫的文章吧，到那時，我們將無法分辨哪些是人類寫的，哪些是ＡＩ寫的。不知道那是ＡＩ文章的人，也可能會覺得這些內容有深層的意義而照單全收呢。

ＣｈａｔＧＰＴ目前的評價很兩極，但最終ＡＩ只是根據某種算法進行寫作而已。因此我認為不應該盡信或過度解讀，這樣並不會從中獲得什麼有價值的東西。

❖ 網路誹謗直接公開就好

在社交媒體上被誹謗中傷，會讓人感到非常不愉快。要逃離這樣的情況確實不容易。當然，可以選擇無視就好，但也不是每個人都做得到。這種行為確實對某些人造成了莫大的痛苦。這往往是因為獨自承受，自己一個人鑽牛角尖才會煩惱。如果找到可以諮詢的人，或許對方會幫你指出問題的癥結，讓你知道錯的人不是你，他們可能會告訴你，「這樣寫的人不正常」幫你看清發信者的問題。

如果能有一個機制，將那些奇怪的文章公之於眾，這樣可能會更好。

☼

沖繩縣那霸市的一家書店咖啡廳舉辦了一個活動，他們將網路上對沖繩的仇恨言論都列印出來，張貼在活動現場的牆壁和地板上，總共貼了兩百多張。舉辦這個活動的團體表示，這些只是一小部分，萬一小孩上網看到這些言論，絕對會有不良影響（摘錄自二〇二三年二月二十二日琉球新報）。

我認為這個活動最棒的地方在於，把網路攻擊文張貼出來，用實際的手法進行反制。用網路解決網路上的問題，對方可能會再次發起攻擊。因此，我認為將這些言論公開展示給更多人看到是一個非常好的主意。

☼

其實這種做法由來已久，有一次我去熊本參觀水俣病歷史考證館，裡面展示了許多攻擊水俣病患者的信件。有人批評那些患者裝病，無非是為了詐領保險金理賠，患者的家人還收到各種批評信件。這些信件也都有展示出來。

參觀的人一看到這些信件，就知道患者和他們的家人受到了極大的傷害。假設今天是我們自己收到陌生人的攻擊郵件，一定會覺得很可怕對吧。正式透過將這些信件公之於眾，大家就會明白隨意攻擊別人的人並不正常。

❖ 何必對號入座？

匿名的網路評論，在我看來跟解籤一樣。冷靜地想一想你就會發現，籤詩上的內容並不是對你講的。它是一段可以有多種解釋的文字，往往讓人不自覺地認為這是對你說的。這跟星座運勢是同樣的道理。

為什麼大家都覺得占卜的內容很準呢？這是所謂的巴納姆效應（Barnum Effect），有一個很有名的心理學實驗證明了這個道理。

一九五〇年代，一位美國心理學教授在課堂上，告訴學生今天要做心理測試，他先讓學生回答一系列問題，課後再把測驗結果寄給學生。然後在當下週的課堂上，教授問大家，是否覺得收到的結果與自己相符時，結果顯示，學生們給予的滿意度高達四點七分（滿分五分），幾乎所有人都回答說結果是準確的。

隨後，教授揭曉了真相，原來所有學生收到的結果都是相同的，而且這些結果是將各種文字隨意剪貼拼湊起來的，根本沒有任何依據。

例如，測驗結果中寫到「你平時很堅強，但有時也會顯示出意志薄弱的一面」，這樣的內容可以套用在任何人身上。或是稱讚你有不為人知的才能，激發你的自我滿足感。對於這樣的結果，幾乎所有人都認為它們準確無誤。

具有多種解釋的話語，就只是這麼一回事。因此，網路上的話語也可能只是說了一些對任何人都適用的話。儘管如此，當這些話語被接收的人聽到時，他們還是可能會產生「這個人真了解我」的錯覺。

順便一提，巴納姆效應中的「巴納姆」，是當時美國一位非常受歡迎的魔術師的名字。他的表演神乎其技，觀眾相信他的預言很準，就被人拿來當作心理學論述的名稱了。

我在大學課堂上也實驗過巴納姆效應，並把測驗結果拿給學生看，儘管我也跟學生說那是巴納姆效應了，但仍然有學生說：「這就是說我啊！」

❖ 自拍不是炫耀，而是一種服務

有些人會因為在網路上與他人比較而感到煩惱。這種情況似乎在像ＩＧ這樣的圖片分享網站上更為常見。

我的一位患者評價自己很糟糕，我問她：「你覺得自己哪裡不行呢？」她說她看到和自己同年齡的人，廚藝非常高超，會為孩子做出漂亮的便當，而她自己做的便當大多是冷凍食品，因此感到沮喪。

我又問她：「你所追蹤的人是你的朋友嗎？」她回答說完全不認識。事實上，她拿一個陌生人跟自己比較，並因此感到沮喪。這樣下去，比較的對象會無限擴大，最終會變得無法控制。

☼

我問使用ＩＧ的學生，為什麼會上傳美食照片，是想炫耀嗎？一位女學生回答我，並不是這樣。我再問她，既然不是炫耀，那用意是什麼？她說，她只是希望自己的照片，可以帶給網友好心情。她認為自己是在服務大眾，用美景或美食照片，向網友分享自己的喜悅。她也會修圖，但並不是想讓自己看起來更好，而是希望看照片的人能感到快樂。

我不太相信那位學生的回答，於是我開玩笑地問她：「其實是想讓別人稱讚你吧？」但那位學生堅決否認了。還有幾位學生也回答我類似的說法。

雖然我無法理解這些學生的深層心理，但有些年紀較長的人，似乎有很多人會拿自己與他人比較，比不過就妄自菲薄，或是汲汲營營想超越對方，就像我前面提到的患者一樣。按讚和追蹤的數量，就是他們獲得認同的證明，就像他們會比較自己和他人做的可愛便當，心裡想著「我贏了」或「我輸了」一樣。

但如果他們想要逃離這種患得患失的煩惱，那麼保持跟手機的距離是很重要的。

❖ 數位排毒毫無意義

社群平台和電動遊戲最大的不同，在於社群平台要跟網友互動。當然，網路遊戲也要跟網友互動，但那是依照遊戲規則進行的人際關係。人與人之間自由的交流具有成癮性，所以會越來越陷入其中。

看電影或聽音樂，感到厭倦時隨時可以停止。但與人之間的交流沒辦法輕易停下。

☼

現在有人提供一種商業服務，叫數位排毒營，幫助人們戒除手機成癮的問題。通常是去沒有訊號的地方，度過一週的悠閒之旅。我查了一下，這種數位排毒營費用非常昂貴，甚至還有一個是去北美森林中無訊號小屋住宿的旅程。為了戒除手機成癮，付出大量金錢跑到山上參加營隊，這讓我感到非常驚訝。但如果不這麼做，是否就很難斷開對手機的依賴呢？

網路剛普及的時候是用撥接上網。也就是每次上網都要用電話連線，隨時隨地上網根本是不可能的事。然而轉眼間，二十四小時在線的時代到來了。現在隨時隨地上網已經是理所當然的事，但要逃離網路的難度也變高了。

❖推薦影片和垃圾廣告差不多

同溫層效應是現代網路社會的一個新名詞，意思是觀念相近的人互相追蹤，每一次發文都能獲得同好的認可。

現在YouTube也會自動跳出推薦影片，有的影片也確實符合我們的興趣，不過這只是演算法的運作，讓你感興趣的內容資訊一個接一個地出現而已。只要了解運作原理，就不會沉迷其中了。

然而，缺乏這種媒體素養的人，可能會在觀看YouTube上偏頗的政治性影片後，開始說報紙上寫的都是謊言。這只是因為他們看了立場偏頗的影片後，系統就會根據觀看習慣推薦。

☼

網路廣告也是一樣的道理。以前有個大學教授抱怨，每次上網都看到色情廣告，但他不知道的是，是因為他經常搜尋成人網站，因此他的瀏覽行為被精準定位，才會看到這些色情廣告。

我還聽過一個故事。某位法律系教授進行線上授課時，向學生展示了一個網站，結果上面全是徵信社和離婚法律諮詢的廣告，因此學生誤以為這位教授正打算離婚。事實上，這位教授是民法專家，研究的是離婚問題，因此網站才會出現這些廣告。

談個題外話，網路廣告代理商是非常受歡迎的就業選擇之一。我曾經教過的學生中，就有一位高興地告訴我，他決定去網路廣告代理商工作。學生們說，現在網路廣告的市場規模已經超過了傳統的實體廣告。確實，比起在觀眾不確定的時段播放電視廣告，在網路上直接對目標客群投放廣告更有效率。也難怪網路廣告公司迅速成長。

❖ 訊息不必馬上回覆也沒問題

收到訊息必須盡快回傳，這似乎也成了一種莫大的壓力。這種盡快回訊的習慣，跟手機也脫不了關係吧。

以往發生的情況是，跟別人交談的時候，如果接到電話，會習慣性地說「不好意思」，然後站起來接電話。現在手機有了靜音模式，不馬上接電話的情況變多了，但在能接電話的時候，基本上還是會立刻接聽。

也有一些人在與人交談時，會因為收到郵件而開始回覆消息。年長一點的人會認為這樣的行為是不禮貌的，但年輕一代似乎更有一種必須即時回應的心態。

☼

記者津田大介先生在記者會上直接打開筆電，並通過網路進行即時直播，他在採訪過程中也會連接網路，並實時轉播採訪現場，由此產生了

「ツダる」這個詞，現在這種風格已經被許多人模仿。過去記者採訪，通常是寫筆記或錄音，之後再整理成文字發表在媒體上。現在演變成採訪時直接轉播報導。

我在看診的時候，也會碰到有患者一接到LINE就忙著回覆。以前我可能會覺得我們正在討論治療計劃，患者應該認真聆聽治療方案才對，但現在我已經不會特別在意了。就算對方一邊跟我講話一邊用LINE，我也不會覺得對方沒禮貌了。

☼

現在是一個必須一心多用的時代，而且大家也都能接受這種情況。所以很多事情必須立刻完成，這也成了莫大的壓力。

即使你說我當時在工作，無法回覆，別人不會接受這種說法，大家似乎都這麼認為「不論是在工作中還是用餐時，LINE的回覆應該隨時都能做到吧。」而且LINE還會顯示已讀和未讀，所以即使在做其他事情時，人們也會急著回覆。

年輕人似乎對於快速回覆不會感到太大壓力。我曾經用ＬＩＮＥ問學生「畢業論文的提交截止日是ＸＸ日，沒有問題吧？」透過ＬＩＮＥ發訊息，有些學生完全不回覆已讀，直到截止日期的前一天，我才終於收到回應，這樣的學生也不少見。感到必須立刻回覆的壓力，或許更多來自上一代的人。

有一段時間，學生們在上課時也會看手機，這讓年紀大的教授很生氣，禁止學生上課使用手機。但最近的學生似乎在課堂上看手機的情況少了，可能現在的學生也不那麼依賴手機了吧。

願意公開自己社群帳號的學生，目前反而是少數。建立社群帳號，主要是用來跟朋友連絡或跟同好交流。透過網路跟全世界相連，這純粹是一種幻想，現在的年輕人也不抱這種幻想了吧。年輕人使用網路很保守，因為他們知道一旦開放帳號後可能會受到傷害，或者遭受誹謗的評論，因此使用方式也意外地顯得封閉。

想要逃離網路壓力的世代，不妨參考一下年輕人使用網路的方式吧。

第六章

「逃跑」也是一種抵抗

❖ 不要夾著尾巴逃跑

本書主要想表達的是，當你承受莫大的精神痛苦時，儘管逃跑就對了。然而，事實上，很多人就是無法逃跑。因此，我在前幾章中告訴大家逃跑的訣竅了。

不過，我不建議只是對方勝利，你處在只能選擇逃跑的狀態。第四章也有提到，如果在職場上碰到職權騷擾或性騷擾，在離職之前先去找工會，或者尋求公司內部的申訴管道，再以此為基礎，做出是否離開的最終判斷，這才是較為明智的逃跑方式。如果上司的霸凌行為並沒有被察覺，而作為當事人的你卻默默消失了，這就不是好的逃跑方式。

網路上的糾紛也一樣，被猛烈的攻擊後，如果你疲憊不堪地選擇保持沉默，對方可能會宣稱自己獲勝。即使你刪除了帳號，對方也可能在你不知道的地方，大肆宣揚自己的勝利。你是逃跑了，結果逃跑的行為變成對方攻擊你的正當化理由，你不覺得這很糟糕嗎？

逃跑並不是消失得無影無蹤，而是必須在適當的對抗後再選擇逃離，否則你會一直承受精神壓力，這樣就不是真的逃跑了。

❖ 即使是夜逃也需要勇氣

夜間逃跑需要經過縝密的安排，才有辦法成功，好比事先打包行李，選擇恰當的時機不被別人發現。因為如果被發現，後果可能難以預料，決定要做這件事是需要很大的勇氣的，說是一場戰鬥也不為過。一定要先好好地思考過，再決定採取行動。

舉例來說，被家暴的婦女要逃離丈夫，這也是一種戰鬥。即便離家出走，也有可能被丈夫找到，因此一開始要先進入家暴庇護所，或諮詢專家思考離婚的管道。家暴問題處理起來很辛苦，很多人乾脆選擇放棄逃跑。

我的患者當中，也有人因為丈夫的問題而苦惱。假如她們的丈夫不可能改變的話，我會建議她們採取實際作為，離婚或分居都好。然而，這種話不能在初診的時候說，否則患者會認為醫生不了解她們的苦衷，要在充分理解患者痛苦的基礎上才能提出這樣的建議。我在第三章也提過，推動患者行動的時機是很重要的。

❖ 別把逃跑視為罪過

即使想逃跑卻不敢行動的人，似乎有一種心態，往往會認為必須靠自己努力來解決所有的問題。在這樣的思維方式下，就不會產生想逃跑的念頭了。他們只會覺得「都是我不好，那我就必須想辦法改變」。

就以職場來說吧，你要先意識到自己的公司有問題，才會考慮逃跑。如果工會和申訴管道都無法解決你的困境，那麼離開公司會是比較好的選擇。也就是說，**要先有清楚的認知，逃跑才會是最好的手段**。

如果覺得責任都在自己身上，認為「我留在這裡工作會讓大家困擾」，因此辭職的話，有可能也會因為同樣的理由反覆離職，這樣一再逃避並不是一種正確的逃跑方式。相反地，如果能意識到，也許是我所在的環境有問題，問題不在我身上，那麼就能以正確地方式逃跑。

☼

想轉職的畢業生來諮詢，仔細聽了他的故事後，明顯發現他處於職場霸凌的困境中，感受到極大的痛苦。我告訴他，問題不在他身上，是放任職場霸凌的公司有問題，我建議他可以向上司反映，或者去公司內的諮詢窗口尋求幫助。學生聽完了我的話，還是露出了「欸？」的反應。

首先，我希望他要先意識到的是，環境不是他的問題，明白這點之後，就不需要改變自己的生活方式，也沒改變的必要，但你至少會意識到逃跑的必要性。

因此在逃跑的時候不必陷入自我厭惡的情緒，也不需要覺得「我是個沒用的人」或「我是失敗者」，破壞自我肯定感的逃跑方式，是不可取的。

既然決定要逃跑的話，就應該像用後腳踢起沙子一樣，讓欺負你的人也不好過，這樣才能感受到逃跑的喜悅，不是嗎？

❖ 最後還是要自己做決定

精神科醫生的基本做法是耐心聆聽患者，直到患者自己找出答案。在諮詢的過程中，也會告訴患者「最終的決定權在你身上」醫生沒辦法替他們做決定，但有些患者遲遲不敢做決定。如果真的對現狀感到痛苦，不採取行動的話永遠無法解決問題。在這種情況下，時機非常重要，有時候醫生必須在關鍵時刻輕輕推一把。

即使我認為現在是合適的時機，也有可能不是這樣。有些人會說「即使你這麼說，我就是做不到」，甚至覺得醫生在批判他們，這確實是一個很困難的問題。也有患者過了一段時間後會說很感謝我們推他一把，因此我仍然相信任何問題都要採取實際作為，才有辦法解決。

☼

各位在生活中，或多或少也聽過別人的抱怨吧。當聽到別人抱怨，難免會想提供具體的意見。像是朋友抱怨自己的上司或父母，你可能會建議他離職或搬出家裡之類的。

可是，萬一你搞錯建議的時機，抱怨的人可能會覺得「這個人根本不理解我」，反而會讓他們感到更受傷。即使我們認為自己提供了有效的建議，但如果時機不對，當事人也很難付諸實行，甚至可能完全無法採取行動。

❖ 自己的安全靠自己保護

二〇二二年十一月，社會學者宮台真司遭遇持刀人士攻擊。後來他在社群平台發文，表示自己是靠著防身術擊退歹徒。雖然並不是每個人都應該要學防身術，但在緊急時刻，能夠保護自己的，只有自己。

☼

我有時也需要跟患者談一些性教育的話題，我常提醒他們，自己的身體只能由自己來保護。

尤其對於女生來說，很容易被男朋友要求做一些不願意做的事。例如，有人在網路上認識男網友，對方要求看她們的裸照。這種情況下雖然並不願意，但又擔心拒絕會被討厭，最後還是勉強答應了。她們可能誤以為這就是愛情，於是順從了男性的要求。

這樣的行為並不是出於珍視對方，也不是愛的表現。事實上，答應這種無理的要求，最終只會傷害到自己。所以，我會建議因為這類問題而苦惱的女生，應該把保護自己、避免讓自己受傷放在優先順位，這樣自然就能找到正確的答案了。

☼

新冠疫情爆發時，我們也學到了不少經驗，要預防感染必須先從自己注意衛生做起。

即便旁人努力防疫，如果自己不勤洗手，感染的機會就會增加。或者遭遇天災時，最後還是需要自己判斷逃跑的時機。希望大家不要忘記最重要的是保護自己。無論如何，應該時時思考，什麼樣的行為對自己最有利，有了這樣的觀念，再來決定具體應該做些什麼。

當我這樣說時，可能會有人問「只顧自己就好了嗎？」但如果自己無法保護自己，也無法幫助別人。當你能夠保護好自己後，再去思考幫助他人，只有抱著這樣的心態，才有可能在這個時代生存下去。

❖ 不要不當一回事

有些人在公司遭受騷擾，卻甘願息事寧人；或者因為想要被認同而做出自己都不喜歡的事，這些都不是珍惜自己的做法。

我就有一位這種情況的患者，她怕沒有持續更新，網友會懷疑她的生活是不是出了問題。因此，儘管她內心不願意，還是強迫自己帶小孩去公園玩。

她說自己忙於拍照分享，晚上都睡不著覺，請我開安眠藥，這完全是本末倒置。她真正重視的不是網友，而是自己在網友眼中的形象。

與其吃安眠藥，我認為應該更優先思考的是「怎麼做才能讓自己不再痛苦？」這樣的想法才更為重要。類似這樣的困惑和做法，很多人都會遇到。

有一點要特別提出來的是，重視自己不代表可以犧牲他人，或是對別人惡言相向。

❖ 自我犧牲是過時的美德

現在社會有一種論調，認為現在的日本人過於自私，應該更加重視公共事務，這種說法錯了。我在第三章也說過，現代人根本沒有明確的自我，這導致了更多的人無法珍惜自己。

因此，許多人無法自己做決定。有些人根本沒有自己的意見，也有很多人因為沒有意見，甚至乾脆不去投票。無法說出「我的看法是這樣的」，我認為這是因為還沒辦法自立為一個「個人」。有明確自我的人，知道什麼時候該逃跑，也有付諸行動的勇氣。然而很多人擔心自己逃跑會給別人帶來麻煩，害怕承受旁人的非議。

結果是，他們遇到痛苦只好忍耐。而且，在日本過去的文化中，常把自我犧牲視為美德，總有一種凡事以他人為重的「服務精神」。其實日本人會活得這麼痛苦，有一部分也是這種精神造成的。

❖ 妨礙自我確立的舊習

二〇二〇年，當時東京奧運暨帕運大會組織委員會的會長森喜朗，發表了「應該懂得分寸」的言論，他表示，女性因為總是想發言，所以有很多女性理事的會議就會花費更多時間。他希望下次能選擇「懂得分寸」的女性來擔任理事。這番言論成為了導火線，最終森喜朗被迫辭去組織委員會主席一職。

森喜朗當時提到的女性較多的理事會是指日本橄欖球協會，這番言論針對的對象是當時擔任理事及新聯盟法人準備室長的谷口真由美女士，谷口女士在此之後也被解除了室長職位。

我認為這個「應該懂得分寸」的話語，不僅對女性，對日本人來說，都是讓人陷入不幸的話。換句話說，這意味著如果不懂得分寸，就無法在社會中生存。「審時度勢」這個詞也曾經流行過一陣子，很多人因此不敢去做自己喜歡的事情，或是不敢拒絕自己討厭的事情，因此遭遇了很大的痛苦。

☼

我認為皇后雅子殿下也是一位因「應該懂得分寸」而痛苦的女性。雅子殿下曾在蘇聯和美國生活，也曾在外務省工作過，因此我認為她是嚮往實現自我的人，當她嫁入皇室，可能也希望能處理一些適合自己的公務。然而，皇室這種特殊的環境讓她感到格格不入，未能順利適應，最終可能因此患上了心理健康問題。

非但皇室如此，日本社會也是這樣，如果有人說「我想做我自己想做的事」，往往很容易被周圍排擠，甚至可能因此精神崩潰。

日本人在戰後崇尚「活出自我」，但真的嘗試以這樣的方式生活時，反而被會說那個人「不懂分寸」，把你排除在群體之外。

的確，戰後的日本一直強調「自立的女性」，自立這個詞成了朗朗上口的口號，但真正的自主在這個國家從未實現。

❖ 女性力爭上游的時代

一九八五年《男女雇用平等法》成立後，女性的自立在媒體上開始被廣泛討論，職業女性這個詞也流行起來，穿著墊肩西裝，有別於以往的女性形象，八〇年代到九〇年代初期，很多女性都在努力成為自立的「能幹女性」。

那時候，無論是男性還是女性的收入都還不錯，也有夫妻選擇當頂客族（不生小孩）。夫妻各自都有工作，可以自由使用金錢，追求自己喜歡的事物。不過，他們當時沒意識到下一個世代的發展，也導致了今天少子化的問題，但至少當時男性和女性都意識到了獨立自立的重要性。

❖ 不再力爭上游的女性

泡沫經濟崩潰後，女性不再刻意追求自立了，由於經濟上的獨立變得難以實現，反而出現了更多希望成為「被愛型」女性的情況。進入九〇年代後，我偶爾翻開像《CanCam》這樣的女性雜誌時，發現有專門介紹「如何成為被愛型女性」的企劃專題，讓我感到十分驚訝，雪紡紗的性感迷你裙風行一時，這是非常迎合男性口味的服裝，我認為那根本是在對男性獻媚。對「能幹女性」形象的反彈（反向反應）居然這麼強烈。

最近我在網路上看到一則消息，某位女學生去教授家做客，穿著非常可愛的迷你裙，雖然這種穿著方式可能顯得有些刻意。但觀察現在的學生，我總覺得他們不再提倡獨立自主，而且情況比九〇年代更糟糕了。

☼

現在，男性也開始學做料理，做家務，男女之間的角色都變得更為中性。男性不像以前那樣享有性別紅利，經濟能力也不如從前。因此，現在男性跟女性都需要工作，確保一定的收入，這樣才有可能維持婚姻生活，也才能生育和養育小孩。

正因為處於這樣的時代，九〇年代那種尋求男性寵愛，試圖嫁入豪門的女性也已經不再存在了。

❖ 年輕人討厭到外地任職

現在的學生似乎並沒有太多想要在世界上活躍的心態，即使是能力很高的學生，如果被錄取從事銷售類型的工作，有時會有全國範圍的調職，他們會選擇只接受關東地區的轉調；有些人會說如果進入某個部門，可能會有海外調職的機會，所以不想去。我對他們說「去海外發展不錯啊！」結果他們回答：「海外調職不一定是去美國啊。」所謂的挑戰精神，現在已經成為了過時的詞語，這兩個字幾乎沒人提起了。

肯到外地任職的人，也不想去離家太遠的地方。他們都住在家裡，讀附近的大學，就跟我在第三章提到的一樣，他們沒有離家奮鬥的心態。住在家裡，經濟上會比較輕鬆。但另一方面，真正追求自己想做的事情的學生極少，因此，當他們就職的公司很糟糕時，他們的心態相對脆弱，容易因為精神壓力而生病。

有些畢業的學生會來找我聊天，聽他們的故事時，我發現他們在生活上有一定程度的順利，但總是會被一些小事卡住。我認為是因為他們還沒完全自立，所以碰到問題時的反應是「那我該做些什麼？」為此感到無助。

我認為大學時期是那種會一邊掙扎一邊找自己想做的事的時候，會有「我到底是誰？」或「我想做什麼？」這樣的困惑。如果沒能找到自己的方向，但人生還能順利，那當然是好事，但這樣的學生在遇到困難時，似乎特別脆弱。

「即使花費代價，也要去經歷困難和磨練」，聽起來就像是明治時代的人說的話，但我認為，偶爾有「這樣不對吧？」的疑惑或是「這樣不對！」的反抗，也是必要的。如果懷疑自己的現狀有問題，那就該思考正確的做法。沒有經歷過這種煩惱的人，遇到困難想要逃跑也會變得很困難。

❖ 重視自己的喜好

這是一本教你如何逃跑的書，但請不要逃避成長和自立。**人活著就是要做出改變，勇敢面對變化不是一件壞事。**

我在第三章也提過，在學校研討會上訓練學生練習批判的事，現在的學生往往難以提出批評，懂得批判的人，即使在社交媒體上遭受誹謗和中傷，也有足夠的思辨能力明白「這傢伙在說什麼啊」，然後選擇無視或反駁。遇到騷擾或不當對待時，也可以先批評或反對對方的行為，然後再採取行動，選擇結束或停止與對方的往來。

☼

人生中總會有必須面對的挑戰，即使最終選擇逃跑，也要先勇敢面對一次再選擇逃跑。或者，即使是面對親近的人，也應該要表明「這一點我不能讓步」、「這是我堅持的立場」。喜歡一樣東西，即便別人說討厭，也不要被別人影響。希望各位能認真思考這些問題。

不僅僅是思考方式，無論是喜歡的偶像、食物、衣服，甚至任何事物都可以。即使別人說這些東西很土，但最重要的是你自己喜歡，這才是重點。如果有無法妥協的部分，我希望你能堅持下去。

❖ 年紀越大，面臨的關鍵抉擇越多

剛才談到了年輕人的情況，但其實上了年紀的人也面臨同樣的問題。對於那些沒有遭遇過太多困難、順利活到五十歲、六十歲的人來說，未來可能會面臨一些棘手的情況，比如照顧父母、自己或伴侶生病等等。現在，我在北海道的一家診所看診高齡者，有時會詢問他們對死亡的看法。

☼

我在第三章有提過「人生諮詢」，各位可能不太了解這個名詞到底是什麼意思，其實就是「你想怎麼面對自己的死亡？」這是個敏感的話題，但看診的時候難免會提到。像是我會問患者病危時要不要搶救？這種時候患者必須自己思考，是要坦然面對死亡，還是盡可能活久一點。

不只生死問題如此，還有病情嚴重是否要接受手術的選擇。隨著年齡增長，面對這類艱難選擇的情況會越來越多。

即使在這些時候，做考慮和做決定的還是自己。日本社會過去往往由家人來做這些決定，但在這種情況下，我希望每個人都能不逃避，自己來做決定。經過深思熟慮，做出不會給家人帶來負擔的選擇。我認為，對待疾病和人生結局的方式，還是應該由自己來決定會比較好。

❖ 要有自己的主見

如果人生活得夠長，總有碰到一些無法逃避的情況。到目前為止都沒有逃跑過的人，或許都沒有認真思考過自己的人生吧。例如，現在是少子高齡化社會，家裡有事業的人要交給誰繼承？或者老後要住在哪裡？這些都是不能逃避的問題。

日本人習慣推遲問題，像是會認為病情交給醫生處理就好，家裡的事情則認為孩子們會解決。然而，但現在已經無法再這樣逃避了。從現在開始，必須由自己做決定的事情會越來越多。

☼

關於烏克蘭和俄羅斯的戰爭，既然岸田首相已經出訪過烏克蘭，那麼日本也不能說與這場戰爭毫無關係了。未來我們會碰到許多未曾有的難題，就不能再抱著「交給政府就能解決」的想法。物價上漲，年金不斷減少，生活將變得更加困難。

國家政治和每個人息息相關，不能抱著「交給國家處理就好」的心態，擁有自己的主見變得格外重要。

❖ 艱困時代的逃跑之道

人與人相處本來就有不同的意見，家人之間有不同的看法，夫妻之間自然也有。例如，像是核電廠的問題，也許妻子反對核能發電，而丈夫可能會說「因為電費上漲，重新啟動核電廠或許比較好」。實際上，就像在第三章中提到的，這種夫妻間的意見對立，在福島核災後就曾經發生過。當然不需要像反核運動者那樣大聲疾呼，但我認為有自己的意見是重要的，這種看法也能成為選舉時投票的參考。

過去日本經濟高度成長，人民對國家社會有信賴感：「只要認真工作，一切就能解決」。然而，現在已經不是那樣的時代了。

☼

第五章也提到，現在年輕人的就業志向不再是大企業，而是想進入像是網絡廣告代理商這樣的公司。如果是上一代的人，可能嚮往到金融業發展，現在的年輕人則認為，銀行也不算鐵飯碗了，搞不好二十年後銀行就倒了。對於學生來說，也不再有知名企業會永遠存在的幻想，從這個角度來看，這或許能給他們帶來希望。

年輕人之所以脆弱，是因為他們不懂得戰鬥，但在現在的就業情況下，他們依然以自己的方式在努力生存。

從這個意義上來說，我認為現在是一個需要認真思考，做出適當選擇的時代。如果只是一味地逃避，就無法真正應對問題或克服困難，最終可能會無法成功逃脫困境。

❖ 後記

那麼，到目前為止，和我一起進行這場「逃跑之旅」的你，你現在來到哪裡了？

——我明白了，逃跑是沒關係的。原本我覺得一定要在現在這家公司拼命工作，但現在我想搬到有好山好水的地方，找一份可以遠距上班的輕鬆工作。

沒錯，我覺得這完全沒問題。

——要是逃得了我也想逃。但我現在正在育兒，即使想逃跑，也沒有辦法……

那麼，偶爾在網上看一些浪漫的電視劇，讓自己的心靈有一個出口，暫時逃離現實，你覺得如何？

——如果隨時都可以逃跑的話，那我會覺得，可以再試著和家人一起努力看看。

哦，這真是太好了。你覺得逃跑也沒關係，卻不放棄努力，這也相當了不起。

「怎麼回事，原來怎麼想都無所謂嗎？」是的，就是這樣沒錯。可以逃到別的地方，或是心靈上暫時逃避，選擇不逃跑也行。**逃與不逃都是你的自由，保持著「這是我的自由」的心態，這才是最重要的。**

我自己則實踐了第一個選擇，「逃到另一個地方」。從去年開始，我在北海道的穗別町，一個位於山中的小診所工作。朋友都說我很勇敢，敢於嘗試新的挑戰，老實說我真不知道該怎麼回答。嚴格講起來，與其說是挑戰，不如說我我是從東京的大學教授、精神科醫師，甚至是評論員的工作中逃了出來。儘管如此，比起被說「你逃跑了！」，我更喜歡聽到「無論年紀多大，敢於挑戰真是太棒了！」因此，當我被人稱讚，我也不會說自己的狀態。我會告訴他們，勇於挑戰沒什麼大不了的，只要有心誰都做得到。

請別誤會，我不是說逃跑就一定會過得比較好。對我來說，這個地區幾乎沒有可以外出用餐的地方，唯一的一家便利店在晚上十一點就關門了，所以我得時刻擔心各種食品和日用品是否足夠。這裡也沒有電影院、健身房、音樂廳或咖啡館，晚上只能待在家裡。小村落走到哪裡大家都認識我，要隱姓埋名是不可能的。想去當地的美容院或澡堂放鬆一下，我也會猶豫老半天。

對於那些說「哎，這樣的生活絕對無法過下去」的人，我並不推薦像我這樣的逃跑方式。你不見得要搬家，而是可以在下班後專注在某項興趣上，讓自己對工作不再那麼在意，這也是一種逃跑的方法。**你不用找到適合自己的生活方式，但要找到適合自己的逃跑方式**。希望各位都能透過這本書，摸索自己的逃跑之道。

多虧X-Knowledge出版社加藤紳一郎發起的企劃案，再加上專業作家福士齊的幫助，這本書才得以問世。「逃跑」乍看之下是很負面的題材，但每次我聊這個話題總是很愉快，總覺得「肩膀上的重擔卸下了」。我親身體會到，只要逃離那種「要努力」、「要保持積極」的強迫觀念，竟然能讓自己變得如此輕鬆。非常感謝加藤先生和福士先生。

不敢放膽逃跑的人，可以稍微找尋不一樣的出口。逃不了生活，至少能逃進幻想的世界中。等有合適的機會，再就像我一樣遠遠地逃到一個地方就好。如果我的這種心情能夠傳達給你，我會非常高興。

我的「逃跑之旅」還會持續下去，三年後我可能逃去更遠的地方，也許會選擇意外的「逃回東京」。目前我在自學鋼琴，等我對自己的琴藝有點自信了，就放棄醫生的工作，在全國各地舉辦小型的演奏會吧……。幻想逃跑的方式，也別有一番樂趣。

接下來，我希望你能思考並找到屬於你自己的逃跑方式，並與我分享。期待有一天能聽到你的故事。

在花朵盛開的偏鄉，為各位獻上此書

香山麗香

Chapter 6

後記

有時候，逃跑也沒關係

精神科醫師教你，為了活得更自在而逃跑，奔向更豐富、美好的世界

逃げたっていいじゃない

作　　者　香山リカ
譯　　者　葉廷昭
封面設計　謝佳穎
內頁排版　高巧怡
行銷企劃　蕭浩仰、江紫涓
行銷統籌　駱漢琦
業務發行　邱紹溢
營運顧問　郭其彬
責任編輯　林芳吟
總 編 輯　李亞南
出　　版　漫遊者文化事業股份有限公司
地　　址　台北市103大同區重慶北路二段88號2樓之6
電　　話　(02) 2715-2022
傳　　真　(02) 2715-2021
服務信箱　service@azothbooks.com
網路書店　www.azothbooks.com
臉　　書　www.facebook.com/azothbooks.read

發　　行　大雁出版基地
地　　址　新北市231新店區北新路三段207-3號5樓
電　　話　(02) 8913-1005
訂單傳真　(02) 8913-1056
初版一刷　2025年3月
定　　價　台幣320元

國家圖書館出版品預行編目(CIP)資料

有時候,逃跑也沒關係：精神科醫師教你,為了活得更自在而逃跑,奔向更豐富、美好的世界/香山リカ著；葉廷昭譯. -- 初版. -- 臺北市：漫遊者文化事業股份有限公司出版；新北市：大雁出版基地發行, 2025.03
面；　公分
譯自：逃げたっていいじゃない
ISBN 978-626-409-071-1(平裝)
1.CST: 生活指導 2.CST: 自我實現
177.2　　114001070

ISBN　9786264090711 (平裝)